Edgar Wolfrum

Die 101 wichtigsten Fragen

Bundesrepublik Deutschland

Verlag C. H. Beck

Originalausgabe

Satz: Fotosatz Reinhard Amann, Aichstetten
Druck und Bindung: Druckerei C. H. Beck, Nördlingen
Umschlagentwurf: malsyteufel, Willich
Umschlagbild: © blickwinkel/McPhotos
Printed in Germany
ISBN 978 3 406 58515 9

www.beck.de

Inhalt

Vorwort

Ist es nicht vermessen, eine so komplexe Geschichte wie die der Bundesrepublik Deutschland von 1949 bis heute auf 101 Fragen einzudampfen? Man kann natürlich leicht zu dieser Meinung gelangen. Und dennoch: Wir machen ja ständig nichts anderes als darüber nachzudenken, welches die wichtigsten Fragen sind, die uns beschäftigen, wie sich vergangene Ereignisse, Strukturen, Prozesse gewichten lassen, wie handelnde Personen und ihre Wirkungen einzuschätzen sind. Auch dann, wenn Historiker Bücher mit über 1000 Seiten schreiben, wird das Problem nicht geringer: Sie treffen immer eine Auswahl aus dem endlosen Kontinuum der Geschichte. Eine kritische Beschäftigung mit der Vergangenheit ist lehrreich; sie kann – und darf – zudem vergnüglich sein. Wer dieses Buch zur Hand nimmt, soll über das Leben in der Bundesrepublik in seiner ganzen Breite informiert werden, politische und soziale Aspekte werden ebenso behandelt wie wirtschaftliche und kulturelle; nicht fehlen dürfen schließlich die deutsch-deutschen Beziehungsgeflechte sowie europäische und globale Dimensionen. Die einzelnen Kapitel haben in sich eine chronologische Ordnung, doch eigentlich lädt das Buch zum Stöbern ein und es können die Abschnitte unabhängig voneinander gelesen werden. Die Fragen sind gut überlegt und hin und her gewogen worden, aber nicht jede ist «bierernst». Alle jedoch haben sehr wohl ihre inhaltliche Berechtigung und zeigen die Geschichte bisweilen auch von einer eher ungewöhnlichen Seite. Viele meiner Mitarbeiterinnen und Mitarbeiter am Heidelberger Lehrstuhl für Zeitgeschichte haben Vorschläge gemacht, dafür danke ich herzlich. Kathrin Knödler vor allem und Till Karmann haben viel Arbeit investiert, Quellen und Literatur besorgt, das Manuskript gelesen und mich ständig mit Verbesserungsvorschlägen konfrontiert. Dafür bin ich sehr dankbar. Unterstützung kam ferner von Marcel Berlinghoff, Catrin Weykopf und Sophie Schuster; auch ihnen gilt, ebenso wie Dr. Sebastian Ullrich vom Verlag C. H. Beck, mein Dank.

Heidelberg im September 2008

Eine erfolgreiche Demokratie – Innenpolitische Entwicklungen

1. Gab es die «Stunde Null»? Für die meisten Deutschen war das Kriegsende eine ganz und gar niederschmetternde Erfahrung. Der vom Zaun gebrochene totale Krieg war verloren, die Wehrmacht musste bedingungslos kapitulieren. Bis zum Schluss hatte man die nationalsozialistischen Durchhalteparolen befolgt, hatte sogar schlecht ausgerüstete Kinder und Alte gegen die Alliierten ins Feld geschickt und jeden Meter bis zum bitteren Ende verbissen verteidigt, anstatt dem sinnlosen Sterben Einhalt zu gebieten und sich gegen das Amok laufende NS-Regime zu wenden. So total der Krieg, so total die Niederlage. Die Deutschen fühlten sich besiegt, aber keineswegs befreit und wussten nicht, was die Zukunft bringen würde. Ungewissheit und Angst beherrschten die meisten: Wie würden die Sieger mit den Deutschen umgehen? Die Sorgen waren berechtigt und entsprangen dem schlechten Gewissen, denn die meisten wussten genau, was in den vergangenen zwölf Jahren geschehen war: Angriffs- und Vernichtungskriege, der Holocaust – Verbrechen, die die Welt bis dahin nicht gekannt hatte. Natürlich war man dankbar, mit dem Leben davongekommen zu sein, die verheerenden Bombennächte oder Flucht und Vertreibung anders als Hunderttausende, ja Millionen, die getötet wurden, überstanden zu haben. Es wäre jedoch zu viel verlangt, am 8. Mai 1945 bei den Deutschen ein Verständnis dafür zu erwarten, dass Besiegtsein und Befreiung unauflösbar miteinander verbunden waren und dass die Niederlage den Keim für eine bessere Zukunft in sich barg; dieses Bewusstsein stellte sich erst sehr viel später ein. Auch auf Seiten der Alliierten war klar: Es wurde ein Feindstaat besiegt, nicht ein Volk befreit.

«Finis Germaniae», Deutschlands Ende. Über eine «Stunde Null» brauchte niemand nachzudenken. Für dieses Trümmerland und für dieses niedergerungene Volk würde es keine gedeihlichen Stunden mehr geben. Wie alle Europäer, so litten auch die Deutschen nach dem 8. Mai 1945 Hunger. Der Unterschied war: Bislang hatte man auf Kosten der ausgebeuteten Länder gut gelebt, erst als die Waffen schwiegen, fingen die Hungerjahre an. So begann die «schlechte Zeit» in den Augen vieler Deutscher erst mit den Besatzungsjahren. Und die gute Zeit brach für die Mehrheit der Zeitgenossen mit der Währungsreform von 1948 an. Sie war auch ein Symbol dafür, dass die Westalliierten die Westdeutschen im heraufziehenden Kalten Krieg brauchten und sie auf einmal hochpäppelten. Nun verlief alles wie am Schnürchen. Die rasante Geschwindigkeit des wirtschaftlichen «Wiederaufstiegs» verblüffte viele, ebenso die Stabilität, mit der sich die Bundesrepublik bereits in den 1950er Jahren präsentierte. Dieses Staunen führte in der Publizistik zu einer «Nullpunkt-Metaphorik». Sie ging so: Mai 1945, überall «tabula rasa». Westdeutschland erhob sich dann wie ein Phönix aus der Asche; die Bundesrepublik sei ein «Staat aus dem Nichts»; der katastrophenreichen Geschichte des Deutschen Reiches habe 1945 die Stunde geschlagen; diese Vergangenheit sei versiegelt worden und eine «Stunde Null» habe zu einem radikalen Bruch und Neuanfang geführt. Ein gutes Stück Volkspädagogik schlug hier durch, denn man erklärte und verklärte alles zur puren Neuheit und wollte diejenigen Lügen strafen, die – wie die renommierten Publizisten Walter Dirks und Eugen Kogon – schon in den Besatzungsjahren vor verhängnisvoller Restauration gewarnt hatten.

Doch ebenso wenig wie eine Restauration hat es eine «Stunde Null» gegeben. Die deutsche Wirtschaft war nicht in dem Ausmaß zerstört, wie es auf den ersten Blick aussah. In der Politik fanden sich nun viele wieder, die bereits in der Weimarer Republik aktiv gewesen waren. Territorial bedeutete die Bundesrepublik zwar eine Neugründung, denn einen Staat dieses Zuschnitts hatte es bisher in Deutschland nicht gegeben. Doch die Deutschen waren noch die gleichen. Wie sollten aus den ehemaligen Volksgenossen der NS-Diktatur halbwegs demokratische Bürger werden? Das war die drängendste Frage.

2. Wohin flogen die Rosinenbomber? Nur wenige dutzende Meter über den Häusern und Ruinen Berlins flogen im Minutentakt die schwerfälligen viermotorigen amerikanischen und britischen Flugzeuge vom Typ Douglas C-54 Skymaster ein. Die Einflugschneise um den Flughafen Tempelhof säumten unzählige winkende Kinder und hoffnungsfrohe Erwachsene. US-Leutnant Halversen hatte die grandiose Idee, beim Landeanflug Taschentuchfallschirme mit Süßigkeiten abzuwerfen – Kaugummis als Gruß aus der freien Welt. Welch eine Verheißung! Vor nicht einmal vier Jahren hatten dieselben alliierten Flugzeuge aus ihren Schächten Tonnen von Bomben auf die Reichshauptstadt geworfen, hatten den Tod gebracht – und nun sicherten sie das Überleben der West-Berliner. Was war geschehen?

Die Berlin-Krise des Jahres 1948 war der sichtbarste Auftakt zum Kalten Krieg zwischen den Supermächten und zeigte, wo seine Nahtstelle verlief: mitten durch Deutschland, mitten durch die ehemalige Reichshauptstadt Berlin. Am 18. Juni hatten die Westalliierten unter sowjetischem Protest die Währungsreform gestartet, und nachdem Gespräche über eine gemeinsame Währung in Gesamt-Berlin gescheitert waren – man wollte sie «Bären-Mark» nennen – wurde die D-Mark auch in West-Berlin eingeführt. Stalin tobte und ließ sofort alle Land- und Wasserwege nach Berlin, das wie ein Fremdkörper in der sowjetischen Besatzungszone lag, sperren. Das erste, aber nicht das letzte Mal spitzte sich die Konfrontation der Weltmächte in Berlin zu. War Krieg in Sicht? Moskau glaubte, mit der Blockade den Westen in die Knie zwingen zu können – doch am Schluss stand dieser mächtiger da als zuvor.

Der spätere Bürgermeister von West-Berlin, Ernst Reuter, war ein Volkstribun. Im Sommer 1948 hielt er vor fast einer halben Million Berlinern, die sich um den zerstörten Reichstag versammelt hatten, eine der bekanntesten Reden der Weltgeschichte: «Ihr Völker der Welt, ihr Völker in Amerika, in England, in Frankreich, in Italien! Schaut auf diese Stadt und erkennt, dass ihr diese Stadt und dieses Volk nicht preisgeben dürft, nicht preisgeben könnt!» Dies war eine mutige Botschaft, so wenige Jahre, nachdem das deutsche Volk Schrecken und Verderbnis über die Welt gebracht hatte. Aber West-Berlin war nun einmal der Vorposten der Freiheit gegen den Kommunismus, symbolisierte den moralischen Triumph des Westens, war Leuchtstern der Demokratie. Deshalb versorgten die Westalliierten die abgeschnittene Teilstadt ein ganzes Jahr lang mit mehr als 277 000 Flügen aus der Luft. Alles, was die Menschen benötigten, kam per Flugzeug in die Stadt, nicht nur Nahrungsmittel, sondern auch ein gesamtes Heizkraftwerk; durchschnittlich waren es 4500 Tonnen täglich. Geflogen wurde diese «Luftbrücke» in schmalen Luftkorridoren auf fünf Ebenen mit einem Höhenabstand von nur 150 Metern und auf jeder Ebene mit einem Zeittakt von 15 Minuten. Es war eine menschliche und technische Meisterleistung. Unfälle blieben nicht aus, siebzig amerikanische und britische Piloten bezahlten die Brücke mit ihrem Leben. Berlin wurde zum Ort der westlichen Selbstbehauptung. Der Durchhaltewillen der West-Berliner beeindruckte die Welt aufs Tiefste, vor allem die Amerikaner. So verdeutlichten die «Rosinenbomber», dass aus einstigen Feinden nun

Verbündete im Kampf gegen den Kommunismus geworden waren. Die emotionalen Bilder der einschwebenden und freudig begrüßten Flugzeuge begründeten die deutsch-amerikanische Freundschaft.

3. Wer waren die «Väter» und gab es auch «Mütter» des Grundgesetzes? Im Anschluss an die Londoner Sechsmächtekonferenz vom Frühjahr 1948 übergaben die drei westlichen Militärgouverneure den Ministerpräsidenten der deutschen Länder die «Frankfurter Dokumente»: Darin wurden die Westdeutschen aufgefordert, einen Staat zu gründen, und deshalb sind diese Dokumente die «Geburtsurkunde» der Bundesrepublik Deutschland. Aus einem Teil Deutschlands einen Staat gründen? Eine Nationalversammlung einberufen? Verbaute dies nicht die Chance für eine Wiedervereinigung des zerrissenen Landes? Bei den Deutschen herrschten die größten Bedenken, deshalb gaben sie der Verfassungsgebenden Versammlung den Namen «Parlamentarischer Rat», und die Abgeordneten, die aus den 1946/47 gewählten Landtagen entsprechend der dortigen Mandatsverteilung von den jeweiligen Ministerpräsidenten benannt wurden, sollten bloß ein Organisationsstatut, ein «Grundgesetz» erarbeiten. Sowohl die seltsame Namensgebung als auch das ungewöhnliche Verfahren wies auf den vorläufigen Charakter hin – kaum jemand glaubte, dass die Teilung Deutschlands lange und schon gar nicht, dass sie mehr als vierzig Jahre dauern sollte. Man war sich einig, lediglich ein «Provisorium» aus der Taufe zu heben, doch der Prozess erhielt dann seine eigene Dynamik und am Ende stand nicht nur ein Rahmen für die freieste Demokratie, die jemals in Deutschland existierte, sondern tatsächlich eine veritable Verfassung.

Dort, wo normalerweise ausgestopfte Tiere den Raum bevölkerten, im Lichthof des «Zoologischen Forschungsinstituts und Museums Alexander König» in der ziemlich verschlafenen, kleinen Stadt Bonn, wurde am 1. September 1948 der Parlamentarische Rat eröffnet. Er umfasste 65 Mitglieder – 27 SPD, 19 CDU, acht CSU, fünf FDP, jeweils zwei DP, KPD und Zentrum – und lediglich vier davon waren Frauen: Frederike Nadig (SPD), Elisabeth Selbert (SPD), Helene Weber (CDU) und Helene Wessel (Zentrum). Zum Präsidenten wurde Konrad Adenauer (CDU) gewählt, was ihm nach außen – noch war er jenseits des Rheinlands ziemlich unbekannt – Ansehen einbrachte, auch wenn er sich nicht besonders stark in die Beratungen einmischte. Die Hauptarbeit leisteten mehrere Fachausschüsse, und dort taten sich vor allem Carlo Schmid (SPD) - er war sicherlich die überragende Figur des Rates - und Theodor Heuss (FDP) hervor. Auch wenn es unter den Deutschen und zwischen Deutschen und den Militärgouverneuren der westlichen Besatzungsmächte das ein oder andere Mal hoch herging - richtig großen Streit gab es nicht. Am 8. Mai 1949, auf den Tag genau vier Jahre nach der bedingungslosen Kapitulation, wurde das Grundgesetz verabschiedet und trat am 23. Mai in Kraft. An der Durchsetzung des Gleichberechtigungsartikels (Grundgesetz Artikel 3, Absatz 2) war die Notarin und Anwältin Elisabeth Selbert in besonderem Maße beteiligt. Doch die Frauen hatten einen schweren Stand, denn Gleichberechtigung als Norm und Gleichberechtigung als Wirklichkeit klafften weit auseinander. In der Weimarer Verfassung von 1919 waren den Frauen lediglich «dieselben staatsbürgerlichen Rechte und Pflichten» (Artikel 109) zuerkannt worden, ohne die schwierigeren Startbedingungen für Frauen anzuerkennen; das nationalsozialistische «Dritte Reich» hatte dann eine Politik mit dem Grundsatz betrieben, Frauen aus dem beruflichen und öffentlichen Leben zurückzudrängen. Auch nach 1945 dauerte es noch ganze 45 Jahre, ehe der Artikel 3, Absatz 2 den wichtigen Zusatz erhielt: «Der Staat fördert die tatsächliche Durchsetzung der Gleichberechtigung von Frauen und Männern und wirkt auf die Beseitigung bestehender Nachteile hin».

4. Welches waren die größten Kanzler? Im Vergleich mit anderen Staaten der Welt hat die Bundesrepublik bisher wenige Regierungschefs gehabt, von 1949 bis 2009 nämlich nur acht, in Italien waren es 26, in Japan 27 und selbst die USA haben in diesem Zeitraum 13 Präsidenten kommen und gehen sehen. Fünf CDU-Kanzlern stehen drei SPD-Kanzler gegenüber: Konrad Adenauers (CDU) Amtszeit reichte von 1949–63, Ludwig Erhard (CDU) regierte 1963–66, Kurt Georg Kiesinger (CDU) 1966–69, Willy Brandt (SPD) 1969–74, Helmut Schmidt (SPD) 1974–82, Helmut Kohl (CDU) 1982–98 - und damit länger als je ein deutscher Kanzler seit 1871 –, Gerhard Schröder (SPD) 1998–2005, und seither amtiert Angela Merkel (CDU). Den Deutschen war insgesamt Glück beschieden mit ihren Kanzlern - dies bereits ist viel Wert.

In der Rubrik «Die größten Deutschen» rangiert Gründungskanzler Konrad Adenauer fast immer weit vorne. Auch die meisten Historiker halten ihn für den größten Kanzler und stellen ihm, mit einigem

Abstand, Willy Brandt zur Seite. Dies ist nicht nur eine Art ausgleichende Gerechtigkeit zwischen den beiden Volksparteien CDU/CSU und SPD, die bisher immer den Kanzler bzw. die Kanzlerin stellten, sondern es sprechen gute Gründe für diese Wahl. Adenauer, der «Fuchs», war mit allen politischen Wassern gewaschen, was der politische Gegner das eine um das andere Mal erfahren musste. Zimperlich war er gewiss nicht. Aber er gab den Deutschen wieder Vertrauen und er beruhigte sie nach der aufwühlenden Ideologisierung des Dritten Reiches. Der bei Amtsantritt 73-jährige Patriarch redete mit einfachen Worten und teilte die Welt in schlichter, aber effektiver Weise in Gut und Böse ein. Die klaren Fronten im Kalten Krieg kamen ihm dabei entgegen; so stabilisierte er die Bundesrepublik nach innen und verankerte sie außenpolitisch im Westen.

Brandt war bei seinem Amtsantritt zwanzig Jahre jünger als Adenauer, er verkörperte geradezu die Republik im Wandel und Aufbruch und versprach besonders der jüngeren, unruhigen Generation, was diese wollte: Reformen nach innen – auch Veränderungen, Utopien, Visionen – und Friedenspolitik nach außen, diese in Gestalt der Neuen Ostpolitik. Stärker als je davor oder danach kam mit Brandt die Moral ins Feld der Politik. Mit Adenauer und Brandt lassen sich die beiden zusammengehörenden Seiten der «alten» Bundesrepublik gut modellieren, dies verleiht diesem Kanzlerpaar seinen Charme: Erst mit Westintegration und Ostpolitik zusammen verfügte die Republik über ihre außenpolitische Staatsräson, erst mit Bewahrung und Erneuerung, mit Stabilisierung und Veränderung entstand kluge Politik im Inneren.

Durch Vernunft und Verantwortung sticht Helmut Schmidt heraus; ihm kam die Aufgabe zu, die Bundesrepublik in ihren schwersten Zeiten zu regieren. Er lotste die Republik meisterhaft durch die fast lebensgefährlichen Strudel der Weltwirtschaftskrisen in den 1970er Jahren und behielt einen kühlen Kopf bei der größten Herausforderung, der sich die bundesdeutsche Demokratie zu erwehren hatte – dem mörderischen Terrorismus der RAF. Wenn man fragt, wer mit den schwierigsten Pflichten konfrontiert war und danach die historische «Größe» der Kanzler bestimmt, wird man Schmidt weit nach vorne rücken müssen.

Kein Kanzler ist am Anfang so unterschätzt worden wie Helmut Kohl, der Patriot und Europäer. Wie kein anderer hielt er die Zügel der Macht durch ein geschickt geknüpftes Netzwerk politischer

Freunde – die «Kohlianer» – in den Händen und überstand jede Fronde gegen ihn, bevor seine großen Verdienste um die deutsche Wiedervereinigung 1989/90 sämtliche Kritiker fürs Erste verstummen ließen. Wäre Kohl allein der «Kanzler der Einheit» und hätte es die innenpolitischen Fehler und die große CDU-Spendenaffäre nicht gegeben, würde sein Stern heller leuchten als die Sterne der anderen Kanzler. Gerhard Schröder, Kanzler in der ersten rot-grünen Koalition, überraschte immer wieder durch geschickte Schachzüge; ihn verbanden mit seinem Vorgänger der Machtinstinkt sowie die Lust am Regieren. Umso erstaunlicher das Ende: Schröder avancierte zum unerschütterlichen Reformstaatsmann, der mit der «Agenda 2010» den notwendigen Sozialstaatsumbau einleitete und für dieses höhere Wohl seine eigene Macht opferte. Angela Merkel scheint dagegen eine gelehrige Schülerin Helmut Kohls zu sein: Die «Mrs. Cool», wie sie eine britische Zeitung nannte, moderiert und taktiert und trifft am Ende meist Entscheidungen, die alle mittragen und sie selbst in besonders strahlendes Licht stellen.

In der Liste der Kanzler fehlen noch zwei: Ludwig Erhard und Kurt Georg Kiesinger. Erhards Kanzlerschaft war die schwächste; so brillant er als Wirtschaftsminister agiert hatte – und von diesem Ruhm zehrte er –, so glanzlos wirkte er als Kanzler. Die Macht stimulierte ihn nicht, sie ödete ihn an. Dies sind sehr schlechte Voraussetzungen für eine erfolgreiche Politik, und was alles noch schlimmer machte: Adenauer, der Erhard gering schätzte, ja verachtete, warf ihm als «elder statesman» immer wieder Knüppel zwischen die Beine. Geprägt von urbaner Bürgerlichkeit, schaffte es der leutselige und gebildete Kurt Georg Kiesinger – «Häuptling Silberzunge» nannten ihn Spötter – während der ersten Großen Koalition zwischen CDU/CSU und SPD zu vermitteln, er war ein guter Kanzler, aber es gereichte ihm zum Nachteil, in einer Übergangszeit zu regieren. Übrigens: Genau genommen hatte auch die FDP einen Kanzler, wenngleich nur für neun Tage. Nach dem Rücktritt Willy Brandts war Walter Scheel, der Außenminister und Vizekanzler der sozialliberalen Koalition, vom 7. bis 16. Mai kommissarisch im Amt.

5. Wurde Bayern schon immer von der CSU regiert? Auf diese Frage würde man in- und außerhalb Bayerns wahrscheinlich von den meisten Menschen die Antwort erhalten: Ja, natürlich. Aber das stimmt nicht. Nun gut – jedenfalls nicht ganz. Zwischen 1954 und

1957 stellte die SPD den bayerischen Ministerpräsidenten. Wilhelm Hoegner regierte in einer Viererkoalition von SPD, BHE (Block der Heimatvertriebenen und Entrechteten), FDP und Bayernpartei. Letztere machte der CSU anfangs arg zu schaffen.

Die nach 1945 neu gegründete überkonfessionelle Sammlungspartei CSU prägte bis in die 1950er Jahre hinein eine harte Rivalität zwischen mehreren Flügeln, wobei sich besonders der altbayerisch-katholisch und extrem föderalistisch ausgerichtete, zudem monarchistischen Ideen aufgeschlossene Teil der Partei um Fritz Schäffer und Alois Hundhammer mit einem in allen diesen Bereichen gemäßigteren Teil um den ersten Landesvorsitzenden Josef Müller – im Volksmund «Ochsensepp» genannt – regelrecht bekämpfte. Der altbayerische Flügel, noch verhaftet in der alten Bayerischen Volkspartei aus der Weimarer Republik, plädierte für eine möglichst weitgehende Zusammenarbeit mit der neu entstandenen Bayernpartei. Diese wiederum hielt die Eigenstaatlichkeit Bayerns sogar «im Naturrecht und damit in der christlichen Sozialethik verankert» und brachte die scheinbare Alternative auf die Formel «Freies Bayern oder preußische Provinz». In seinen Erinnerungen schrieb Franz Josef Strauß, der «strategische Gegner» der CSU, mit dem sie sich in einem «Kampf auf Leben und Tod» um die Wählergunst befand, sei die Bayernpartei gewesen. Erst als diese im Verlauf der 1950er Jahre niedergerungen werden konnte – hohe Funktionäre der BP wurden in der «Spielbankaffäre» wegen Meineids zu Zuchthausstrafen verurteilt –, war die Bahn frei für den Aufstieg der CSU zur bayerischen Staats- und Hegemonialpartei. Unter Alfons Goppel – er regierte von 1962 bis 1978 – erreichte die CSU bei den Landtagswahlen 1974 sage und schreibe 62,1 Prozent der Wählerstimmen, auch sein Nachfolger Franz Josef Strauß fuhr Traumergebnisse ein. Bei der Landtagswahl 2003 gelang es der CSU mit Edmund Stoiber als bisher einziger bundesdeutscher Partei mit 60,7 Prozent der Stimmen, eine Zwei-Drittel-Mehrheit der Mandate zu erringen. Umso tiefer war der Sturz im September 2008, als die CSU auf knapp über 43 Prozent absackte und zum Weiterregieren einen Koalitionspartner benötigte.

6. Wer waren die «Göttinger Achtzehn»? Dass 1955, nur zehn Jahre nach dem Ende des Zweiten Weltkrieges, mit der Bundeswehr wieder eine deutsche Armee entstand, war für viele Menschen unerträglich. Adenauer hielt die Wiederbewaffnung jedoch für notwendig, und die Amerikaner drängten mit Macht darauf, dass die Deutschen einen Verteidigungsbeitrag für Europa leisteten. Doch damit nicht genug: Um ihr eigenes Kontingent zu verringern, wollten die USA in Europa taktische Atomwaffen stationieren. Verteidigungsminister Franz Josef Strauß war begeistert. Ihm lag sehr an einer Atombewaffnung der Bundeswehr, denn sie hätte den westdeutschen Staat erheblich aufgewertet. Bundeskanzler Adenauer seinerseits bezeichnete die neuen taktischen Atomwaffen in einem Interview als eine «Weiterentwicklung der Artillerie». Fachleute waren entgeistert und reagierten entsetzt. Wusste der Kanzler, was er sagte? Man brauchte doch nur die Landkarte in die Hand zu nehmen, um zu ermessen, was es bedeutete, im geteilten Deutschland Atomwaffen mit sehr geringer Reichweite zu stationieren und gegebenenfalls auch einzusetzen. Dieses atomare Schlachtfeld hätte Mitteleuropa auf hunderte von Jahren unbewohnbar gemacht. Am 12. April 1957 warnten deshalb achtzehn führende deutsche Atomwissenschaftler, darunter die berühmten Atomphysiker Max Born, Otto Hahn, Werner Heisenberg und Carl Friedrich von Weizsäcker, vor einer solch unverantwortlichen Verharmlosung von Atomwaffen und forderten, die Bundesregierung müsse Mitwirkung, Herstellung, Erprobung und Einsatz atomarer Waffen entschieden ablehnen. Sie nannten sich «Göttinger Achtzehn», was auf die gemeinsamen akademischen Anfänge vieler Mitglieder der Gruppe verwies und zudem historische Reminiszenzen beinhaltete. 1837 hatten schon einmal Göttinger Professoren – die Göttinger Sieben – gegen eine unbesonnene Politik der Obrigkeit protestiert, nämlich gegen König Ernst August von Hannover, der Freiheitsrechte beschnitten hatte. 1957 fand die Erklärung der Wissenschaftler, das Göttinger Manifest, ebenso wie 120 Jahre zuvor, ein breites Echo in der Öffentlichkeit, und die Aktivitäten gingen in eine große Volksbewegung «Kampf dem Atomtod» über. Aber auch ohne diese wäre es undenkbar gewesen, dass die Westalliierten der Bundesrepublik eine nationale Verfügungsgewalt über Atomwaffen gewährt hätten – man traute den Deutschen nicht.

7. Warum wollte Konrad Adenauer «Keine Experimente»? Dass es auf den Kanzler ankommt, ist in Wahlkämpfen ein zugkräftiger Slogan fast aller Bundeskanzler gewesen. In ihm steckt mehr als ein Körnchen Wahrheit, weil der Kanzler nach dem Grundgesetz viel Macht in sich vereint. In der Hochzeit der Ära Adenauer galt dies noch stärker als danach, denn persönliche Autorität und Machtfülle – Adenauer nahm zunächst auch die außenpolitischen Belange wahr – waren zentrale Bestandteile der «Kanzlerdemokratie».

Es war eines der erfolgreichsten Wahlplakate der gesamten deutschen Geschichte: «Keine Experimente!» stand darauf über einem sehr entschlossen schauenden Kanzler Konrad Adenauer zu lesen, der immerhin bereits seit acht Jahren regierte und sein achtzigstes Lebensjahr überschritten hatte. «Keine Experimente!», niemals ist das Sicherheitsbedürfnis der Deutschen treffender auf den Punkt gebracht worden, als auf diesem Plakat der CDU/CSU von 1957. In den 1950er Jahren schwang dabei vieles mit: Bloß keine außenpolitische Schaukelpolitik zwischen West und Ost, nicht den östlichen Sirenengesängen mit Blick auf ein neutrales Gesamtdeutschland nachgeben, sondern fest im Westen bleiben. Innenpolitisch hieß dieses Motto Sicherung des Wohlstands, des «Wirtschaftswunders», weiterer Ausbau der Sozialstaatlichkeit. Die Rentenreform von 1957 machte es vor. Und parteipolitisch: Diffamierung des Gegners. «Wir glauben, dass mit einem Sieg der SPD der Untergang Deutschlands verknüpft ist.» Adenauer sagte in diesem Wahlkampf immer wieder solche ungeheuerlichen Dinge. Nachdem der SPD-Vollblutpolitiker Kurt Schumacher, der es dem Kanzler mit gleicher Münze zurückgezahlt hatte, bereits 1952 an den Folgen langjähriger KZ-Haft gestorben war, konnte sein eher biederer Nachfolger Erich Ollenhauer gegen Adenauer keinen Stich machen. Bereits beim Bundestagswahlkampf 1953 hatte die CDU getitelt: «Alle Wege des Marxismus führen nach Moskau». Dies verfehlte die Wirkung nicht, denn in den Augen der meisten Westdeutschen stand die SPD für Wankelmut und Risiko, man traute ihr wenig zu. Demgegenüber genoss Adenauer großes Vertrauen. «Keine Experimente!» – das sprach den Westdeutschen aus tiefster Seele, nachdem die Deutschen in diesem Jahrhundert selbstverschuldet so viele Experimente mit fatalen Folgen gemacht hatten. Nun jedoch, endlich Ruhe, Besonnenheit, kein Zaudern und kein Zagen, Kurs halten und dem «Alten» vertrauen. Die von keinem Zweifel angehauchte Sicherheit, das Richtige zu tun, brach sich hier Bahn. Und hier verband sich Konrad Adenauers Persönlichkeit mit den Wünschen der meisten Westdeutschen. Bei den Wahlen zum dritten Deutschen Bundestag am 15. September 1957 errang die Union mit diesem famosen Slogan die absolute Mehrheit der Stimmen – es war das einzige Mal in der Geschichte der Bundesrepublik, dass dies gelang.

8. Warum wollte Willy Brandt «Mehr Demokratie wagen»? An die Stelle von Adenauers «Keine Experimente» setzte der erste sozialdemokratische Kanzler der Bundesrepublik, Willy Brandt, im Herbst 1969 die Devise «Wir wollen mehr Demokratie wagen». Nicht nur um die Bewahrung bestehender, sondern auch um das Erstreiten neuer Freiheiten sollte es gehen. Es war die hochfliegendste Regierungserklärung in der Geschichte der Bundesrepublik, und sie spiegelte die weltweite Aufbruchstimmung der damaligen Zeit. Nur wenige Monate zuvor hatte der erste Mensch den Mond betreten, eine technische Meisterleistung, welche die Menschheit ohne Experimentierfreude niemals hätte erreichen können. Wenn der Mensch so seine Grenzen sprengte, dann sollte doch auch auf der Erde mehr machbar sein als bisher. Aufbruch zu neuen Ufern, Mitverantwortung, Modernisierung der Gesellschaft, Ausbau freiheitlich-demokratischer Traditionen – ein Pathos des Neuanfangs umgab den Machtwechsel von 1969. Tatsächlich bedeutete er eine wichtige Bewährungsprobe der Bundesrepublik und läutete die zweite Lebensphase der bundesdeutschen Demokratie ein. Die Kernbotschaft im Wahlkampf war: Wechsel. Und die FDP, das Zünglein an der Waage, behauptete auf ihren Plakaten keck «Wir schneiden die alten Zöpfe ab». Mit der Wahl des Sozialdemokraten Gustav Heinemann zum Bundespräsidenten im März 1969 hatte sich die Wechselstimmung bereits Bahn verschafft. Sie war ein Seismograph dafür, dass sich etwas veränderte. Nach seiner Wahl sagte Heinemann für konservative Ohren Ungehöriges: «Einige hängen noch immer am Obrigkeitsstaat (...) Wir stehen erst am Anfang der ersten wirklich freiheitlichen Periode unserer Geschichte.»

Innerhalb kürzester Zeit war das Bündnis zwischen SPD und FDP geschmiedet, und die neue Regierung erreichte, dass sich die Republik wandelte, dass der Sozialstaat ausgebaut und der Rechtsstaat liberalisiert wurde. Verkrustete Strukturen wurden aufgebrochen, viele Probleme gelöst und dabei neue geschaffen. Denn «Mehr Demokratie» und die Reformeuphorie kosteten Geld, das mit der 1973 einsetzenden Weltwirtschaftskrise bald nicht mehr so reichlich vorhanden war. Bis dahin jedoch befand sich die Republik im Aufbruch. Politiker versprachen Utopien und verdeutlichten, dass Demokratie nichts Statisches war, sondern etwas Dynamisches, das immer weiter entwickelt werden musste. Angesichts der unruhigen Zeiten der «68er-Bewegung» machte die sozialliberale Regierung ein Angebot an die junge, kritische Generation – sie sollte die liberale Demokratie annehmen und auf evolutionärem Weg ständig verbessern. Auch diese Integrationsleistung darf nicht gering geachtet werden und konnte vermutlich nur durch die Person Willy Brandts, der dem Widerstand gegen Hitler angehört hatte und als eine moralische Instanz galt, aber vom politischen Gegner viele Schmähungen ertragen musste, bewirkt werden.

9. Was ist ein konstruktives Misstrauensvotum? Der Artikel 67 des Grundgesetzes regelt ein Glanzstück deutschen Verfassungsrechts: Die Abberufung einer amtierenden Bundesregierung wird nur dann zugelassen, wenn die Mehrheit der Mitglieder des Bundestages – die so genannte Kanzlermehrheit – im Stande ist, einen Nachfolger des amtierenden Kanzlers zu wählen. Diese Idee ging im Parlamentarischen Rat auf Carlo Schmid (SPD) zurück und war eine Lehre aus dem Scheitern der Weimarer Republik, denn dort hatte es diese «konstruktive», auf Stabilität angelegte Regelung nicht gegeben – Kanzler konnten fast nach Belieben gestürzt werden, ohne eine Alternative präsentieren zu müssen, was das parlamentarische System schwächte und in Verruf brachte. Zwei konstruktive Misstrauensvoten gab es in der Geschichte der Bundesrepublik: Das erste scheiterte am 27. April 1972 gegen Willy Brandt, der Herausforderer Rainer Barzel (CDU) schaffte den Kanzlersturz nicht; das zweite glückte am 1. Oktober 1982 gegen Helmut Schmidt. So errang Helmut Kohl die Kanzlerschaft.

10. War die Bundesrepublik ein souveräner Staat? Die Souveränität eines Staates setzt Selbstregierung, Unabhängigkeit von anderen Staaten und Völkerrechtsunmittelbarkeit voraus – diese neuzeitliche Definition stammt aus der Mitte des 18. Jahrhunderts, der Zeit, in der das Völkerrecht aufblühte. Von 1949 bis 1955 war die Bundesrepublik kein souveräner Staat, sondern besaß den Status eines Protektorats der westlichen Siegermächte des Zweiten Weltkrieges. Der amerikanische Politikwissenschaftler Wolfram Hanrieder hat diese Ordnung treffend als ein «penetriertes (also: durchdrungenes) politisches System» bezeichnet. Was bedeutete dies? Zunächst und ganz einfach: Die oberste staatliche Gewalt blieb bei den westlichen Besatzungsmächten, was im Besatzungsstatut geregelt war. Die Mächte konnten in deutsche Belange eingreifen. Besonders sinnfällig wurde dieser Vorrang durch den geographischen Ort, den die Hochkommissare McCloy (USA), Robertson (Großbritannien) und François-Poncet (Frankreich) als Sitz ihres Hauptquartiers wählten: den Petersberg, hoch über Bonn auf der östlichen Seite des Rheins gelegen. Auf diesem Berg befindet sich ein nobles Hotel, von dem aus man das gesamte Rheintal überblicken kann. Die Hochkommissare konnten sozusagen in die Niederungen der deutschen Politik schauen und, falls nötig, sofort eingreifen. Auf dem Petersberg ereignete sich auch die berühmte «Teppich-Szene», ein symbolisch wichtiger Akt. Worum ging es? Am 21. September 1949 bestellten die Hochkommissare die Mitglieder der neuen Bundesregierung zu sich ein. Ihnen sollte eingetrichtert werden, wer das Sagen hatte, und sie sollten untertänigst das Besatzungsstatut entgegennehmen. Man ließ die Deutschen zuerst lange im Regen warten, zitierte sie dann herein und platzierte sie geringschätzig um einen wertvollen roten Teppich herum, auf welchem Respekt einfordernd die Hochkommissare standen. Alle wussten, was dieses Protokoll zu bedeuten hatte - und Adenauer reagierte blitzschnell. Als er zu einer kurzen Ansprache anhob, betrat er beherzt den Teppich und verkehrte die beabsichtigte Symbolik in ihr Gegenteil. Er - und damit die Bundesrepublik - ließ sich nicht aussondern, sondern gehörte dazu. Eigentlich war dies ein Affront - eingeforderte Demut verwandelte Adenauer in Selbstbewusstsein -, doch die Alliierten behielten die Beherrschung.

Die Vorbehaltsrechte der Alliierten reichten auch in die Außen- und Wirtschaftspolitik hinein und natürlich in den Bereich der Entmilitarisierung. Bis 1955 nutzte Adenauer alle Gelegenheiten, sich um einen Zuwachs an Souveränität für die Bundesrepublik zu bemühen. Dass die westlichen Demokratien die Westdeutschen brauchten, und zwar wirtschaftlich wie militärisch, kam dieser Strategie entgegen. Westintegration und deutscher Wehrbeitrag, die Pariser Verträge und die NATO-Integration von 1955, führten zu einer Revision des Besatzungsstatuts. Im Generalvertrag («Deutschlandvertrag») desselben Jahres wurde das Besatzungsregime aufgehoben. Freilich behielten die Mächte wichtige Vorbehalte, sie betrafen Notstandsrechte, alle Fragen zu Berlin und Deutschland als Ganzem, und dies schloss auch die endgültige Festlegung der Grenzen Deutschlands mit ein; sie sollte bis zu einem Friedensvertrag aufgeschoben werden. Außerdem behielten sich die westlichen Alliierten Rechte bezüglich der Stationierung ihrer eigenen Streitkräfte vor. Einen weiteren Schritt zu mehr

Souveränität tat die Große Koalition im Jahr 1968 mit der Verabschiedung der Notstandsgesetze, durch die entsprechende Rechte der Alliierten abgelöst wurden. Aber erst mit dem «Zwei-plus-Vier-Vertrag» vom 12. September 1990 wurde die Bundesrepublik in vollem völkerrechtlichem Sinn souverän. Dieser war beides: ein nachholender Friedensvertrag, den es seit 1945 mit Deutschland als Ganzem ja nicht gegeben hatte, und zugleich ein Souveränitätsvertrag. Die deutschen Grenzen waren nun endgültig, Deutschland verzichtete auf die Herstellung und den Besitz atomarer, biologischer und chemischer Waffen und die Höchstgrenze der deutschen Streitkräfte sollte 370 000 Man betragen. Souveränität gehört zu den Merkmalen «klassischer» Nationalstaaten; insofern ist Deutschland seit 1990 – wie die anderen europäischen Staaten – ein «nach-klassischer» Nationalstaat. Denn die eingangs zitierte Vorstellung von «Souveränität» trifft heute nicht mehr zu, weil zahlreiche Souveränitätsrechte auf über-nationale Organisationen übertragen worden sind: auf die NATO und vor allem auf die EU.

11. Was ist Verfassungspatriotismus? Das Grundgesetz ist eine gute Verfassung und die Deutschen brauchen sich nicht zu scheuen, es zu rühmen. Dennoch ist niemals in der bundesdeutschen Geschichte ein Verfassungsfeiertag eingeführt worden. Bis zur Wiedervereinigung 1990 war der 17. Juni 1953 der Nationalfeiertag – in Erinnerung an den Volksaufstand in der DDR – «Tag der deutschen Einheit» genannt. Allerdings gab es durchaus Bestrebungen, den demokratischen Rechtsstaat ins Bewusstsein der Deutschen zu rücken. 1974 wurde die Bundesrepublik 25 Jahre alt, und im Vorfeld versuchte die sozialliberale Regierung einen «fröhlichen Feiertag des ganzen Gemeinwesens», eben einen Verfassungstag, am 23. Mai, einzuführen. Er sollte zur Identifizierung mit «unserem Staat» einladen, der den Ansprüchen der Menschen nach Freiheit in Verbindung mit sozialer Sicherheit in bemerkenswerter Weise gerecht würde. Manche wollten gleichzeitig den 17. Juni abschaffen, da man an ihm nur einem gescheiterten Versuch, Freiheit zu erringen, gedachte. In ihren Augen war er ein Trauertag, kein Freudentag.

Wer mochte an der Notwendigkeit zweifeln, die Bundesbürger aktiv vom Wert der Bonner Demokratie zu überzeugen und dieses Bewusstsein auch historisch zu verankern? Dies schien zum einen vor dem Hintergrund der schwierigen deutschen Demokratiegeschichte sinnvoll und zum anderen, weil die Mehrheit der Bundesdeutschen vor allem auf die D-Mark stolz war, nicht aber auf solch abstrakte Dinge wie «Freiheit» oder «Demokratie». Dolf Sternberger, der bekannte Heidelberger Politikwissenschaftler, würdigte 1979 in einem viel beachteten Artikel der «Frankfurter Allgemeinen Zeitung» das Grundgesetz und überschrieb den Beitrag mit «Verfassungspatriotismus». Damit war ein Begriff für die bereits länger andauernde Debatte gefunden. Einer der Kernsätze Sternbergers lautete: «Das Nationalgefühl bleibt verwundet, wir leben nicht im ganzen Deutschland. Aber wir leben in einer ganzen Verfassung, in einem ganzen Verfassungsstaat, und das ist selbst eine Art von Vaterland.»

Die häufig vorgebrachte Kritik, Verfassungspatriotismus sei Ausdruck dafür, dass die Westdeutschen die Nation vergessen hätten, ist grundfalsch. Denn ein Verfassungspatriotismus umschloss ja auch die Präambel des Grundgesetzes, also die Verpflichtung des deutschen Volkes, in freier Selbstbestimmung die Einheit in Freiheit zu vollenden. Vieles spricht dafür, dass ein Großteil der Bundesbürger seit Ende der 1970er Jahre Grundwerte vertrat, die durchaus als verfassungspatriotisch bezeichnet werden können: eine aktive Staatsbürgerrolle, Partizipation an der Demokratie, Hochschätzung von demokratischen Institutionen und Verfahren.

Verfassungspatriotismus ist von konservativen Kritikern als fades Akademikerkonzept bezeichnet worden, dem es an Emotionalität fehle. Affekt- und Erlebnisarmut kennzeichne diese Form des Patriotismus. Doch warum sollte dies so sein? Und wenn dies so wäre? Nach der Hysterie und der exzessiven Emotionalisierung im «Dritten Reich» konnte man eigentlich nichts dagegen einwenden, wenn die politische Kultur der Deutschen sich beruhigt hatte und die Menschen vor allem stolz auf ihre demokratischen Lernleistungen waren.

12. Was verbarg sich hinter der Behauptung «Bonn ist nicht Weimar»? In der politischen Kultur der frühen Bundesrepublik spielte das Scheitern der ersten deutschen Demokratie – der Weimarer Republik – eine zentrale Rolle. Der Historiker Michael Freund schrieb im Jahr 1958: «Die Furcht vor der Wiederholung stand an der Wiege des Bonner Grundgesetzes. (...) Wiederholt sich – das ist die Frage fast aller Menschen in der Bundesrepublik – das Schicksal der ersten deutschen Republik? (...) Der Geist eines Erschlagenen, der Weimarer Republik, ging durch die Beratungssäle, als die neue Verfassung geschaffen wurde. Die Väter des Grundgesetzes hatten beinahe einen Ballhausschwur geleistet: Das soll uns nicht noch einmal geschehen.» Weimar war für die Bundesrepublik immer viel mehr als nur eine vergangene historische Epoche. Bis weit in die 1950er Jahre hinein glaubten in- und ausländische politische Beobachter, dass die BRD auf die schiefe Bahn geraten könne, dass ihre Überlebensfähigkeit angesichts der immensen Nachkriegsbelastungen gering sei, kurz: dass sich Weimarer Verhältnisse wiederholen könnten. Umso größer war das Erstaunen über die Stabilisierung und den Erfolg der Demokratie. Es zeigte sich, dass die Bundesrepublik vom Kalten Krieg profitierte. Das «Wirtschaftswunder» und eine kluge Politik versöhnten die Deutschen mit der Demokratie. Als der Schweizer Journalist Fritz René Allemann 1956 eine Analyse der jungen Bundesrepublik unter dem mittlerweile zum Sprichwort geronnenen Titel «Bonn ist nicht Weimar» veröffentlichte, war ein erleichtertes Aufatmen unüberhörbar. Er benannte neben vielen anderen folgenden wesentlichen Unterschied: Während die Weimarer Republik eine schutzlose Demokratie gewesen war, entwickelte sich die Bundesrepublik zur wehrhaften Demokratie. Ihren Feinden entzog sie das Betätigungsfeld: 1952 wurde die neonazistische Sozialistische Reichspartei verboten und 1956 die Kommunistische Partei.

In der DDR behauptete die SED, die Lehren aus Weimar seien bereits zwischen 1945 und 1949 in der «antifaschistisch-demokratischen Umwälzung» vollzogen worden. Die bundesdeutsche Demokratie konnte es sich nicht so leicht machen. Hier entwickelte sich ein regelrechter «Weimar-Komplex», der sich nicht nur aus der Angst vor einem erneuten Scheitern der Demokratie und der Sorge um deren Erhalt speiste, sondern ebenso aus dem unterdrücken, fast traumatischen Gefühl, Schuld am Aufstieg Hitlers gewesen zu sein. Im Laufe der Erfolgsgeschichte der Bundesrepublik gingen die Weimar-Vergleiche zurück, dennoch flackerten sie bis in unsere Tage hinein immer wieder einmal auf. Signifikant war jedoch der Wandel: Diese Vergleiche sind zum Mittel geworden, sich seiner selbst zu vergewissern und der zweiten deutschen Demokratie Normalität zu bescheinigen.

13. Sind Große Koalitionen gut für eine Demokratie? Auf Länderebene regiert immer wieder einmal eine Große Koalition; und während der Besatzungsjahre zwischen 1945 und 1949 galten sogar regionale und kommunale Allparteienregierungen als einziger Ausweg aus der deutschen Misere und dem Chaos. Nach der ersten Bundestagswahl 1949 glaubten viele, auch auf Bundesebene sollte eine solche Verantwortungsgemeinschaft in schweren Zeiten gebildet werden. Es war ein Glück für die Demokratie, dass es nicht dazu kam, sondern dass sich alsbald Regierung und Opposition hart gegenüberstanden. Betrachtet man die Bundesregierungen, so hat es bisher nur zwei Große Koalitionen zwischen CDU/CSU und SPD geben, die erste von 1966 bis 1969 und die zweite seit 2005. Beide waren in ihren Konstellationen grundverschieden, doch weder bei der ersten noch bei der zweiten handelte es sich um eine Liebesheirat. Dies wäre auch nicht gut, denn solche Mammuthochzeiten werfen immense Probleme für die Demokratie auf, auch wenn der Vorwurf, man marschiere ohne Umweg in den verkappten Einparteienstaat, übertrieben ist.

1966 hatte die Union genug von der renitenten FDP, mit der sie lange regiert hatte, und war nach all dem Streit bereit, lieber die Kröte einer Großen Koalition mit der SPD zu schlucken und so ihre eigene Macht zu erhalten. Da die Wirtschaft mit einem Male nicht mehr rund lief und Unruhe in der Gesellschaft aufkam, glaubten viele, eine gemeinsame Kraftanstrengung der beiden großen Parteien sei nötig. Außerdem drängte die SPD seit langem darauf, ihre Regierungsfähigkeit zu beweisen; seit einigen Jahren hatte sie eine «Umarmungsstrategie» gegenüber der CDU/CSU eingeschlagen, sie wollte heraus aus der Daueropposition seit 1949 und neben der «geborenen Staatspartei» CDU/CSU endlich auch salonfähig werden. Die Lage im Jahr 2005 war dagegen so: Nach sieben Jahren rot-grüner Koalition wollte die SPD ihre Macht erhalten und war nach einigem Hin und Her schließlich bereit, Angela Merkel als Kanzlerin zu akzeptieren.

Was ist positiv an Großen Koalitionen? Zum einen: Sie können eine Ansammlung des besten politischen Personals der Republik sein; in der ersten Großen Koalition war dies der Fall, man denke nur an die kongeniale Zusammenarbeit zwischen dem Wirtschaftsminister Karl Schiller (SPD) und dem Finanzminister Franz Josef Strauß (CSU), die frei nach Wilhelm Busch «Plisch und Plum» genannt wurden. Zum anderen: Sie beweisen, dass demokratische Parteien untereinander prinzipiell koalitionsfähig sind. Und welches sind die negativen Seiten? Vor allem, dass die parlamentarische Opposition klein ist, dass die Ränder der Politik sich radikalisieren – so 1966 in Gestalt der NPD und nach 2005 im Erfolg der Linken – und sogar, wie 1966, eine Außerparlamentarische Opposition entstehen kann.

Andererseits bietet eine temporäre «Elefantenehe» der Opposition auch Gelegenheit, sich zu profilieren; so nutzte die FDP seit 1966 die Zeit zu einer Art Runderneuerung. Für Kanzler sind Große Koalitionen schwierig. Kurt-Georg Kiesinger agierte in der Art eines wandelnden Vermittlungsausschusses; Angela Merkel muss dies oft nachahmen. Gefordert sind insbesondere die Fraktionsvorsitzenden, die nicht selten vor dem Dilemma stehen, dass zur gleichen Zeit die einen bremsen und die anderen beschleunigen. Die erste Große Koalition war eine der erfolgreichsten Regierungen, die die Bundesrepublik kannte. Ihr gelang es, die wirtschaftliche Rezession zu überwinden, grundlegende Verfassungsreformen zu verabschieden und die Außenpolitik zu stabilisieren. Die Leistungen der zweiten Großen Koalition fallen gemischter aus. Am wichtigsten erscheint - neben den Arbeitsmarktprogrammen und der Gesundheitsreform - die weit reichende Neuregelung des Föderalismus, die die Kompetenzen zwischen Bund und Ländern neu verteilt. 1966 gab es eine Koalition der Unverzagten, es herrschte Aufbruchstimmung; 2005 wurde eine Koalition der Verzagten gebildet, es obwaltete Krisenstimmung. In der ersten wie in der zweiten Großen Koalition waren die Differenzen zwischen den Partnern erheblich, der Konsensvorrat war rasch aufgebraucht und der Nachschub fehlte. Seit der Halbzeit der Legislaturperiode schielte man auf die nächsten Wahlen, die politische Kreativität erlahmte.

Kein Demokrat darf sich eine Große Koalition auf lange Zeiten wünschen; sie müssen die Ausnahme bleiben. Streit um die besseren Konzepte ist das Lebenselixier einer Demokratie. Man könnte es auch so sagen: Konsens ist gut, doch am Beginn muss Konflikt stehen. Im Übrigen war die erste Große Koalition wirklich groß, sie umfasste fast 90 Prozent der Wählerstimmen, während die zweite ab 2005 nur noch etwas mehr als 60 Prozent ausmachte. Häufig wird auch vergessen, dass andere politische Konstellationen Ähnliches bewirken können wie Große Koalitionen. Verfassungsänderungen sind nämlich auch möglich, wenn eine der großen Parteien weniger als ein Drittel der Bundestagsmandate auf sich vereint - so wie die SPD in den beiden ersten Wahlperioden 1949-1953 und 1953-1957 - und wenn zugleich die Bundesregierung im Parlament und im Bundesrat eine Zweidrittelmehrheit schaffen kann. Das war 1949 bis 1957 der Fall. Es empfiehlt sich also, genau hinzuschauen.

14. Was hatte die RAF mit dem «deutschen Herbst» zu tun? Die «Rote Armee Fraktion» (RAF) führte gegen die parlamentarische Demokratie der Bundesrepublik einen «Krieg von 6 gegen 60 Millionen», wie es Heinrich Böll seinerzeit ausdrückte. Seit 1970 gab es die Selbstbezeichnung und das Logo der Gruppe zeigte eine Maschinenpistole vor einem Roten Stern. Andreas Baader, Gudrun Ensslin, Ulrike Meinhof und Jan-Carl Raspe, die zentralen Figuren der ersten Terroristengeneration, verstanden sich als deutsche Formation im internationalen Befreiungskampf, ließen sich in Jordanien und Syrien in Trainingscamps der PLO ausbilden und wollten mit dem Konzept der «Stadtguerilla» den angeblich faschistischen bundesdeutschen Staat aus den Angeln heben. Ihre radikal-aberwitzige Vergangenheitsfixierung offenbarte sich auch bei der Namensgebung, die tief in das Arsenal deutscher Schreckbilder griff: «Rote Armee» – dies ließ den Einmarsch der sowjetischen Rotarmisten grell im Gedächtnis aufblitzen; und «RAF» war ebenso die Abkürzung der «Royal Air Force», die im Zweiten Weltkrieg die verheerenden Bombenangriffe gegen deutsche Städte flog.

Bereits nach wenigen Jahren zog diese erste Generation der RAF eine Blutspur von acht Morden hinter sich her, doch bis Mitte 1972 gelang es der Polizei, die Führungsriege hinter Schloss und Riegel zu bringen. Daraufhin entstand die zweite RAF-Generation. Sie ging noch skrupelloser vor. Der Terror eskalierte. Ihr Ziel lautete: «Freipressung der inhaftierten Kampfgenossen». Im April 1977 wurden in einem Aufsehen erregenden Prozess die im Hochsicherheitstrakt von Stuttgart-Stammheim inhaftierten Terroristen zu lebenslangen Haftstrafen verurteilt. Nun begann die mörderische Offensive der in Freiheit verbliebenen RAF-Terroristen: Die ersten Opfer waren Generalbundesanwalt Siegfried Buback und seine Begleiter; sie wurden am 7. April in Karlsruhe erschossen. Im Juli fiel der Bankier Jürgen Ponto der RAF zum Opfer, und am 5. September entführte ein Terrorkommando Hanns-Martin Schleyer, den Präsidenten der deutschen Arbeitgeberverbände in Köln. Seine Personenschützer und sein Fahrer wurden kaltblütig ermordet. Unterstützung fanden die deutschen Terroristen bei palästinensischen Gesinnungsgenossen: Am 13. Oktober kaperte ein PLO-Kommando die Lufthansa-Maschine Landshut mit 86 deutschen Urlaubern auf ihrem Flug von Palma de Mallorca nach Frankfurt am Main. Sie drohten, die Maschine in die Luft zu sprengen und hatten die Passagiere mit Alkohol übergossen, damit sie sofort in Flammen aufgingen, wenn die Handgranaten gezündet wurden. Den Piloten hatten die Terroristen bereits ermordet. Die Bundesregierung schickte Staatsminister Hans-Jürgen Wischnewski (SPD), der über gute Kontakte zur Dritten Welt verfügte, nach Mogadischu in Somalia, wo das Flugzeug nach einem Irrflug schließlich gelandet war. Ein Spezialkommando des Bundesgrenzschutzes (GSG 9) konnte die Passagiere der «Landshut» befreien, vier von fünf Entführern wurden dabei getötet. In einer letzten Verzweiflungstat begingen die in Stammheim einsitzenden Terroristen Selbstmord, der jedoch nach Mord aussehen sollte – sie wollten sich als Märtyrer stilisieren und hofften, so eine weitere Eskalation erreichen zu können. Am Tag nach den Selbsttötungen fand man die Leiche von Hanns-Martin Schleyer im Kofferraum eines Autos im elsässischen Mühlhausen.

In diesem «deutschen Herbst» des Jahres 1977 hatte die Bundesrepublik ihre schwerste Bewährungsprobe zu überstehen. Viele, vor allem ausländische Beobachter, sahen die Demokratie in größter Gefahr. Doch mit ihrer harten, riskanten Linie brachte die Regierung Schmidt der RAF in diesem Herbst die entscheidende Niederlage bei – und gleichzeitig gab es, trotz der Antiterror-Gesetze, nicht den befürchteten «Marsch in den Polizeistaat». Aus der CSU kamen vereinzelt zwar bedenkliche Vorschläge, so etwa derjenige einer «bedingten Todesstrafe», die dann zu vollstrecken sei, wenn jemand versuchte, den Verurteilten durch Geiselnahme aus der Haft freizupressen. Das wäre Staatsterror gegen Individualterror gewesen. Doch dies blieben Ausnahmen, die meisten politisch Verantwortlichen behielten einen kühlen Kopf; sie gingen bis an die Grenzen des Rechtsstaates, überschritten diese Grenzen aber nicht. Dies hat letztlich die Demokratie gestärkt.

Wie ging es mit den Terroristen, in deren Reihen auffallend viele Frauen vertreten waren, weiter? Eine dritte und vierte Generation erhob noch ihr Haupt, und die politischen Morde erstreckten sich bis in die 1990er Jahre. 1998 kam es zur Selbstauflösung der Gruppe; im «Auflösungsschreiben» vom April hieß es: «Vor fast 28 Jahren am 14. Mai 1970 entstand in einer Befreiungsaktion die RAF. Heute beenden wir dieses Projekt. Die Stadtguerilla in Form der RAF ist nun Geschichte.» Kein Wort des Bedauerns! 37 Menschen fielen den Aktionen der RAF und anderer linksterroristischen Organisationen zum Opfer, 27 Terroristen kamen ums Leben, 230 Menschen erlitten Verletzungen, es war etwa 500 Millionen D-Mark Sachschaden zu bilanzieren, 1000 Urteile ergingen, die Ermittlungsakten umfassten elf Millionen Seiten, dies entspricht dreimal dem Weg von Flensburg zur Zugspitze. Besonders pikant war die RAF-Stasi-Connection, die seit den 70er Jahren bestand. RAF-Aussteiger, die dem Fahndungsdruck in der Bundesrepublik nicht mehr standhielten, reisten 1982 in die DDR, wo sie sich eine biedere Existenz aufbauten. Mit dem Untergang der DDR wurde diese Camouflage aufgedeckt, alle zehn untergetauchten RAF-Mitglieder konnten festgenommen und verurteilt werden.

15. Gab es unter Helmut Kohl eine «geistig-moralische Wende»?
Helmut Kohl hatte in seiner ersten Regierungserklärung am 13. Oktober 1982 den Bürgern eine «geistig-moralische Wende» versprochen. «Die Ideologien der Macher und Heilsbringer», so führte er aus, «haben den Wirklichkeitssinn im Lande nicht geschärft, die Selbstverantwortung nicht gestärkt und die geistigen Herausforderungen der Zeit verkannt. Wir brauchen wieder die Tugenden der Klugheit, des Mutes und des Maßes für die Zukunft unseres Landes. Die Frage der Zukunft lautet nicht, wie viel mehr der Staat für seine Bürger tun kann. Die Frage der Zukunft lautet, wie sich Freiheit, Dynamik und Selbstverantwortung neu entfalten können. Auf diese Idee gründet die Koalition der Mitte. Zu viele haben zu lange auf Kosten anderer gelebt: der Staat auf Kosten der Bürger, Bürger auf Kosten von Mitbürgern und - wir sollten es ehrlich sagen - wir alle auf Kosten der nachwachsenden Generationen.» Die neue Regierung erhob fortan die «Wende» zum Markenzeichen ihres Neuanfangs. Doch so neu war das Ansinnen nicht, denn jeder Regierungswechsel in der Bundesrepublik wurde rhetorisch mit einem Neubeginn untermalt, gemäß der Devise: leuchtend die Zukunft, dunkel die Vergangenheit. So düster wie Kohl vorgab waren die 1970er Jahre allerdings keineswegs. «Klugheit», «Mut» und «Maß» hatten ja gerade auch Kohls Vorgänger ausgezeichnet; und ob die Zukunft mit dem ständigen Verweis auf die Vergangenheit, nämlich die Politik Adenauers und Erhards gewonnen werden konnte, durfte bezweifelt werden. Worauf zielten also die großen Worte der neuen Regierung? Sie sollte die wertkonservativen Schichten, die Zukunftsängste plagten, beruhigen, indem man ihnen versicherte, dass Pluralisierung und Individualisierung der Gesellschaft zähmbar seien. Und der technokratischen

Elite flößte die Rede neuen Optimismus ein. Wie so häufig im Leben klaffte indessen zwischen Anspruch und Wirklichkeit ein tiefer Graben. Die ersten Regierungsjahre überschattete eine Serie von Affären, Skandalen und peinlichen Pannen.

16. Wieso sitzt der Deutsche Bundestag im Berliner Reichstag? Der Berliner Reichstag ist ein herausragendes Symbol der jüngeren deutschen Geschichte, das wie kaum ein zweites die Höhen und die Tiefen von Deutschlands Vergangenheit repräsentiert. 1884 wohnten Reichskanzler Otto von Bismarck und Kaiser Wilhelm I. der Grundsteinlegung des imposanten Gebäudes bei, das der Frankfurter Architekt Paul Wallot entworfen hatte. Als der Reichstag zehn Jahre später fertig gestellt wurde, bezeichnete ihn der neue, junge Kaiser Wilhelm II. als «Gipfel der Geschmacklosigkeit» - vermutlich galt dieses kaiserliche Verdikt nicht allein dem Gebäude, sondern mehr noch seinem Inhalt: dem Parlament. In der Monarchie blieb der Reichstag relativ unbeachtet, doch am 9. November 1918 wurde er zu einem national bedeutenden Symbol: An einem Fenster im Zeitschriftenlesesaal des Reichstages rief Philipp Scheidemann die erste deutsche Republik aus. In der Weimarer Republik war der Reichstag beides: Zentrum der Demokratie und Schimpf- und Hassobjekt der Republikfeinde. Den Reichstagsbrand vom 27. Februar 1933 nutzen die Nationalsozialisten dazu, das Parlament endgültig zu entmachten. Hitler ließ «seinen» Reichstag in der Kroll-Oper tagen. Daher kann das Reichstagsgebäude als nationalsozialistisch weitgehend «unbesetzt» gelten. Allerdings diente das Gebäude den Nazis für Propagandazwecke; so zeigten sie in ihm 1938/39 etwa die Ausstellung «Der ewige Jude».

Als die sowjetischen Truppen 1945 den Reichstag als Inbegriff der faschistischen Herrschaft eroberten, hatten sie es auf das falsche Objekt abgesehen. Das von dem Kriegsberichterstatter Jewgenij Chaldeij gemachte Foto vom 2. Mai 1945, welches einen Rotarmisten beim Hissen der roten Fahne auf dem südöstlichen Eckturm zeigt, fand weltweite Verbreitung. Dieses Foto wurde zur Ikone des sowjetischen Sieges über Hitler-Deutschland. Nach 1948 war Berlin die Frontstadt des Kalten Krieges, und am 3. Oktober 1990 wurde vor dem Reichstag feierlich die deutsche Einheit vollzogen. Erneut riefen die Bilder der Feier in Erinnerung, dass der Reichstag eine Mischung aus Glanz und Tragik, Hoffnung und Scheitern darstellte.

«Hauptstadt Deutschlands ist Berlin. Die Frage des Sitzes von Parlament und Regierung wird nach der Herstellung der Einheit Deutschlands entschieden», so lautet die Passage im Einigungsvertrag vom September 1990. Diesem lapidaren Satz folgte eine heftige Debatte über Bonn oder Berlin als Parlaments- und Regierungssitz. Seit den 1950er Jahren hatten nahezu alle westdeutschen Politiker betont, dass Berlin zweifellos die natürliche Hauptstadt eines dereinst wiedervereinigten Deutschlands sei. Sie meinten damit zugleich auch den Sitz von Parlament und Regierung. Dass man eine Hauptstadt davon trennen könnte – auf diese Spitzfindigkeit kam man damals nicht. Für Berlin sprachen die Tradition und das Symbol. Aber hehre Worte zur Zeit der deutschen Teilung waren das eine. In der Wirklichkeit von 1990/91 fand man plötzlich andere Argumente: Legte Bonn nicht Zeugnis für die erfolgreiche Demokratie der Bundesrepublik ab? Stand es nicht für die Nähe zu Brüssel und damit zur Europäischen Union? Funktionierte hier nicht alles verwaltungstechnisch so vortrefflich? Hatte man nicht erst kürzlich, als niemand an die unverhoffte Einheit dachte, neue Gebäude errichtet? Und, so muss man hinzusetzen, auch wenn es keiner sagte: hatten nicht die meisten Abgeordneten ihr schönes Häuschen im Westen? Schwerer wog: Die Glaubwürdigkeit sprach für Berlin, auch die Zukunftsorientierung eines neuen Deutschlands. Und darüber hinaus würden wichtige Impulse für den Aufbau im Osten gesetzt. So könnte die deutsche Einheit vollendet werden, meinten Berlin-Befürworter in der Debatte des Bundestages vom 20. Juli 1991. Das Ergebnis der anschließenden Abstimmung fiel knapp aus: 338 Stimmen entfielen auf Berlin, 320 auf Bonn.

Die Entscheidung für Berlin war nun allerdings keineswegs auch gleichzeitig eine Entscheidung für den Reichstag. Wo der Deutsche Bundestag sitzen würde, war eine Zeitlang umstritten. Einige Parlamentarier favorisierten einen Neubau an der Stelle des früheren Stadtschlosses, dort, wo jetzt der «Palast der Republik» der ehemaligen DDR stand. Doch im November 1990 war die Sache beschlossen: Der Bundestag sollte in den Wallotbau. Aber wäre es nicht besser, ihn umzubenennen? «Reich» klang so gefährlich; könnte man nicht einfach «Bundestag» sagen? War dies wiederum nicht typisch deutsch: geschichtsvergessen und verkrampft? Es blieb bei «Reichstag». Das Gebäude war durch den Krieg noch stark gezeichnet und in den zurückliegenden Jahren nur notdürftig wiederhergestellt worden. Vor allem fehlte die alte Kuppel. Brauchte man eine neue? War eine solche nicht zu imperialistisch, zu schwülstig, zu wilhelminisch? Ein Architektenwettbewerb, den Sir Norman Forster gewann, brachte Klärung: Die Kuppel von gestern wäre das falsche Zeichen; stattdessen wurde eine schlanke, zudem begehbare und somit vom Souverän - dem Volk - überwindbare Kuppel gebaut. Bevor es so weit war, konnte das Künstlerehepaar Christo und Jeanne-Claude 1994 den Reichstag für ein paar Wochen verhüllen; auch diesem Ereignis ging eine lange Kontroverse voraus. Am Ende waren auch die meisten Kritiker überzeugt: Die grandiose Verhüllung des Reichstages setzte ein Zeichen von Toleranz und Souveränität. Das Künstlerpaar schenkte der Stadt ein paar goldene Tage mit Volksfeststimmung um das Reichstagsgebäude. Dies erwies sich als eine einzigartige Chance, den Reichstag in das Licht der Öffentlichkeit zu rücken. Dieser erfuhr eine Art «rituelle Reinigung» und so markierte die Ver- und Enthüllung einen Neubeginn für ein neues Parlament: den Deutschen Bundestag mit Sitz im Reichstag.

17. War Rot-Grün erfolgreich? «Kneif' mich» sagte er zu einem neben ihm stehenden Freund, als am Wahlabend 1998 das Ergebnis feststand und Rot-Grün auf Bundesebene regieren konnte - so jedenfalls berichtet es Joschka Fischer in seinen Erinnerungen. «Wir kämpfen darum, dieses Land zu regieren, weil wir es gestalten wollen», sagte der GRÜNE Außenminister und Vizekanzler. Vor dreizehn Jahren, 1985, war Fischer als erster grüner Minister in Hessen vereidigt worden. Damals trug er Jeans, Fischgrätensakko und Turnschuhe. Jetzt, 1998, kleidete ihn feiner Zwirn. Während die einen schmunzelten, glaubten die anderen, er habe sie verraten. Hessen war nicht die einzige Koalition zwischen Sozialdemokraten und GRÜNEN auf Länderebene: 1989 gab es kurzzeitig eine solche Koalition in Berlin, lange Zeit regierten Sozialdemokraten und GRÜNE in Nordrhein-Westfalen, Schleswig Holstein und Hamburg; in Sachsen-Anhalt amtierte 1994–98 eine rot-grüne Minderheitsregierung. In Niedersachsen hatte Gerhard Schröder (SPD) in den Jahren 1989–94 Rot-Grün erprobt. Vier Jahre später installierte er eine solche Koalition im Bund, die fast zwei Legislaturperioden lang, bis 2005, funktionierte. Allerdings: Für viele traditionelle Sozialdemokraten bedeutete das Bündnis mit den postmateriellen, öko- und friedensbewegten GRÜNEN eine Zumutung, und bei jenen wiederum lagen sich Realos – die regieren wollten und deshalb zu Kompromissen bereit waren – und Fundis – die Wert auf eine kompromisslose Opposition legten – in den Haaren. Es war schwierig, überhaupt in den Tritt zu kommen. Riesige Erwartungen knüpften sich an das «Generationenprojekt» der meist 50-jährigen, häufig durch die 68er-Bewegung Geprägten. Ebenso groß waren die Verdächtigungen. Mit dem Wahlslogan der «Neuen Mitte» hatte die SPD nach 16 langen Regierungsjahren von Helmut Kohl deutschlandweit Aufbruchstimmung erzeugen können und wurde zum ersten Mal seit 1972 mit knapp 41 % der Stimmen wieder stärkste Partei im Bundestag, während die CDU mit 35 % ein Desaster erlebte. Die GRÜNEN sicherten sich wie vier Jahre zuvor schon den dritten Platz (6,7 %) vor der FDP (6,2 %) und der PDS (5,1 %).

Schröder und Fischer betonten immer wieder ihre «Lust» am Regieren. Sie wollten den innenpolitischen «Reformstau» der Vorgängerregierung beenden. Doch dass die Zeiten vor allem außenpolitisch so schwierig werden würden, konnte 1998 niemand voraussehen. Das galt für die Kriege auf dem Balkan und für den Schock des Terroranschlags vom 11. September 2001 und seine Folgen. Erstmals in ihrer Geschichte zog die NATO 1999 in den Krieg und bombardierte Serbien – wie sollte sich die BRD verhalten? Unter schwierigsten Geburtswehen fanden die GRÜNEN zu einem «elastischen Pazifismus», der, um Schlimmeres zu verhüten, auch Auslandseinsätze der Bundeswehr akzeptierte. Ausgerechnet seit den rot-grünen Regierungsjahren beteiligt sich Deutschland wie selbstverständlich im Konzert der Staaten und Mächte – und zwar nach Maßgabe seiner eigenen Interessen und den Verpflichtungen aus der Geschichte. Das konnte im Fall des Krieges in Afghanistan auf ein «Ja» hinauslaufen und im Fall des Krieges im Irak auf ein «Nein». Innenpolitisch wurde der Ausstieg aus der Atomenergie auf den Weg gebracht sowie das seit 1913 geltende deutsche Staatsangehörigkeitsrecht endlich erneuert. Nach der 2002 knapp gewonnenen Bundestagswahl focht Schröder vor allem die «Agenda 2010», eine grundlegende Reform des Sozialstaates, durch und verlor dabei die Unterstützung seiner eigenen Partei. Auf Länderebene büßten bis zum Sommer 2005 sämtliche rot-grüne Regierungen ihre Macht ein, zuletzt mit der Abwahl des Ministerpräsidenten Peer Steinbrück in Nordrhein-Westfalen.

Wie soll man also bilanzieren? Politischen «Erfolg» zu messen – dies hängt immer auch vom Standpunkt des Betrachters ab. Aber mittlerweile gestehen auch Kritiker ein, dass Rot-Grün an der Macht in schwierigen Zeiten innen- wie außenpolitisch viel geleistet hat. Die Koalition war erfolgreich. Und man könnte noch Folgendes hervorheben: Die GRÜNEN vermochten es, ihre Regierungsfähigkeit unter Beweis zu stellen, was letztlich zu einer Aufweichung von Rechts-Links-Positionen und sozialkulturellen Orientierungen führte. Kurz gesagt, sie wurden auch für Teile der CDU/CSU attraktive Koalitionspartner und regieren seit 2008 in Hamburg gemeinsam mit der Union. Politischer Wandel hat in der Bundesrepublik stets in den Ländern begonnen und sich dann längerfristig auf Bundesebene freie Bahn verschafft. Möglicherweise ist dies bald wieder so.

Vom Ausgestoßenen zum Partner – Deutschland in der Welt

18. Was war der Kalte Krieg und wer ist schuld an ihm? Merkwürdig war dieser Konflikt, weil die beiden Großmächte gar keine gemeinsamen Grenzen zueinander besaßen. Aber die «Dritte Welt», die Ozeane, ja der Weltraum wurden zu Bereichen, in denen die USA und die Sowjetunion samt ihren Verbündeten miteinander konkurrierten. Zudem bestimmte der Kalte Krieg sämtliche menschliche Bereiche, von der Politik über die Wirtschaft bis hin zur Kultur und den Mentalitäten.

Auch die Strategie der beiden dominierenden Militärbündnisse nach 1945 – der NATO und des Warschauer Pakts – unterschied sich in vielen Punkten von Bündnissen der früheren Jahrhunderte: So bildeten sie bereits in Friedenszeiten ein gemeinsames militärisches Oberkommando; außerdem gingen sie weit über reine militärische Absprachen hinaus und ihr Kennzeichen war eine tiefergehende Interessenverbundenheit ökonomischer, ideologischer und gesellschaftspolitischer Natur. Ferner dienten sie der Absicherung des Hegemonialanspruchs der beiden Weltmächte. Schließlich war es kaum möglich, den jeweiligen Block zu verlassen – zu schädlich wären die Auswirkungen auf das entsprechende Gesamtbündnis gewesen.

Die traditionelle Auffassung des Westens, dass der Kalte Krieg durch das sowjetische Expansionsstreben verschuldet sei, wurde seit den 1960er Jahren in den USA durch eine «revisionistische» Historiker- und Politologenschule in Frage gestellt; sie betonte stattdessen die auslösende Rolle der amerikanischen Politik. Aber wann lässt sich in der Geschichte schon so eindeutig urteilen? Beide Supermächte, und auch Europa, hatten ihren Anteil am Scheitern einer kooperativen Nachkriegsordnung. Neuere Forschungen haben gezeigt, dass es eine Fülle von Weggabelungen gab. Der Kalte Krieg war kein unvermeidliches Schicksal, aber er war auch kein bloßes Missverständnis. Angesichts der Repressionen im Ostblock und der amerikanischen «Eindämmungspolitik» liegen diese Interpretationen weit von der Realität entfernt. Doch dass der Kalte Krieg auch aus Fehlwahrnehmungen erwuchs, ist nicht von der Hand zu weisen. Die Sowjetunion steigerte sich in eine Furcht vor dem «amerikanischen Imperialismus» hinein, und die USA verfingen sich in ihrer Angst vor der revolutionären Dynamik des Sowjetkommunismus. Bei näherem

Hinsehen waren viele Vorstellungen übertrieben, und immer wieder machten sich in beiden Lagern Stimmen bemerkbar, die daran zweifelten, ob die Gegenseite wirklich so aggressiv und so mächtig war, wie die furchtsamen Dogmatiker behaupteten. Es kam zu einer Eskalation der Ängste und diese wiederum löste neue Präventivmaßnahmen aus. Aus der «Strategie der Abschreckung», dem «Gleichgewicht des Schreckens» und der «atomaren Overkill-Kapazität» wurde eine Wissenschaft gemacht. Das Ende des Kalten Krieges 1989 mit dem Fall der Berliner Mauer allein der westlichen Politik der Stärke zuzuschreiben, greift zu kurz. Entscheidend für seine Überwindung war auch die Entspannungspolitik: Sie erwies sich für die kommunistischen Diktaturen als Trojanisches Pferd.

19. Worum handelte es sich bei der Hallstein-Doktrin? Am 19. Oktober 1957 brach die Bundesrepublik Deutschland ihre diplomatischen Beziehungen mit Jugoslawien ab, denn Belgrad hatte in ihren Augen etwas Unerhörtes getan: einen Botschafteraustausch mit der DDR angekündigt. Während die Sowjetunion seit einiger Zeit die Zwei-Staaten-Theorie verfocht, die darauf pochte, dass zwei deutsche Staaten existierten, war es für Bonn undenkbar, an seinem Alleinvertretungsanspruch zu rütteln. Man sagte auch nicht DDR, wenn man von Ostdeutschland sprach, sondern «Sowjetzone» oder schlicht «Zone». Da nur im Westen Selbstbestimmung und freie Wahlen gewährleistet waren, trat die Bundesrepublik mit dem Selbstverständnis auf, der einzige legitime deutsche Staat zu sein und alle Deutschen zu vertreten, auch jene, die im Osten in Unfreiheit leben mussten.

1955 kam es jedoch zum Sündenfall. Kanzler Adenauer reiste mit einer großen Delegation nach Moskau. Sein Ziel war es, die letzten deutschen Kriegsgefangenen heimzuholen. Dies war eine menschliche Notwendigkeit und für den Kanzler auch eine Prestigefrage. Die Sowjetführung wusste, dass sie dafür einen hohen Preis verlangen konnte und sie tat es auch: Sie forderte die Aufnahme von diplomatischen Beziehungen – womit der Alleinvertretungsanspruch ausgehöhlt und die DDR völkerrechtlich aufgewertet wurde. Fortan gab es in Moskau zwei deutsche Botschaften. Noch auf dem Rückflug von Moskau nach Bonn entwarf deshalb der Leiter der Rechtsabteilung des Auswärtigen Amtes, Wilhelm G. Grewe, eine Abwehrstrategie, die bald als «Hallstein-Doktrin» – benannt nach dem Staatssekretär im Außenministerium, Walter Hallstein – berühmt und berüchtigt werden sollte. Die Aufnahme diplomatischer Beziehungen zur Sowjetunion wurde darin zur absoluten Ausnahme erklärt. Wenn andere Staaten die DDR anerkennen würden, sei dies ein «unfreundlicher Akt» gegen die Bundesrepublik und gegen die Lebensinteressen des deutschen Volkes. Deshalb werde die Bundesrepublik zu solchen Staaten sämtliche Beziehungen abbrechen, dies beträfe auch Wirtschaftsbeziehungen oder, da die DDR um Staaten der Dritten Welt buhlte, Entwicklungshilfe. Mit dieser Drohung gelang es Bonn, vielen ausländischen Regierungen einen offiziellen Umgang mit der DDR auszureden und diese vom internationalen Parkett fernzuhalten. Am Ende der 1960er Jahre jedoch wirkte die Doktrin für die Bundesrepublik selbst wie eine Fessel, da sie keinerlei Kontakte zu Ostblockstaaten aufnehmen konnte, wenn sie nicht unglaubwürdig werden wollte. Als schließlich das neutrale Kambodscha 1969 als erstes nichtkommunistisches Land die DDR anerkannte, eskalierte der Streit über eine angemessene Außenpolitik in der damals regierenden Großen Koalition. Die Neue Ostpolitik und die Entspannung seit 1969/70 läuteten das Ende der Hallstein-Doktrin ein.

20. Warum scheiterte die Europäische Verteidigungsgemeinschaft? War es nicht eine Zumutung, nur fünf Jahre nach dem Zweiten Weltkrieg wieder über deutsche Soldaten nachzudenken? Fast alle Europäer, vor allem aber die Franzosen beantworteten diese Frage 1950 mit einem entschiedenen Ja. War es nicht eine Zumutung, dass der Schutz Westeuropas fast ausschließlich auf den Schultern der USA lastete? Fast alle Amerikaner beantworteten diese Frage ebenfalls mit einem entschiedenen Ja. Die Sicherheitslage Westeuropas hatte sich 1950 dramatisch verschlechtert: Der Sowjetunion war es 1949 gelungen, eine Atombombe zu zünden, womit die USA ihr atomares Monopol einbüßten; und im chinesischen Bürgerkrieg siegten die Kommunisten unter Mao über die Nationalchinesen, die vom Westen unterstützt wurden. 1950 brach auch noch der Koreakrieg aus, in den die USA eingriffen. Frankreich focht in Indochina einen blutigen Entkolonialisierungskrieg aus. Washington und auch London ging es nicht mehr um das Ob eines westdeutschen Verteidigungsbeitrags, sondern nur noch um das Wie. Kanzler Adenauer wusste, wie unpopulär in der Bundesrepublik eine Wiederbewaffnung war und wer konnte es verdenken, dass sich hier eine breite «Ohne-Mich-Bewegung» formierte. Andererseits spekulierte der schlaue Fuchs auf einen Deal: deutsche Soldaten gegen Erlangung der Souveränität. Als die Amerikaner den Franzosen fast die Pistole auf die Brust setzten, präsentierte der französische Ministerpräsident René Pleven den Plan einer Europäischen Verteidigungsgemeinschaft (EVG). Dieser diskriminierte die Deutschen in hohem Maße. Deutsche Soldaten sollten eine Art Söldner sein, mehr nicht. Das war skandalös, erfüllte jedoch seinen Zweck, denn man weiß heute, dass es Paris nur um ein Verzögerungsmanöver ging. Eine deutsche Wiederbewaffnung war schlicht der Albtraum aller Franzosen. Drei Jahre lang wurde über insgesamt 67 Nachbesserungsvorschläge debattiert, schließlich lehnte die französische Nationalversammlung am 30. August 1954 die EVG ab. Adenauer notierte in sein Tagebuch, es handele sich um einen schwarzen Tag für Europa. Dass es sich dagegen für die junge Bundesrepublik um einen guten Tag handelte, wurde jedoch bald darauf deutlich, denn auf Drängen der USA durfte sie unter viel günstigeren Bedingungen der NATO beitreten.

21. Wer war von «Sputnik» geschockt? Im Radio hörte man in regelmäßigen Abständen lediglich ein Piepsen, doch im Ostblock und den befreundeten Staaten der Dritten Welt ließ dieser Laut die Herzen der Menschen höher schlagen. Er zeugte nämlich von der Überlegenheit des Sozialismus. In der westlichen Welt hingegen herrschten Schrecken und Niedergeschlagenheit. Bald sollte man vom «Sputnik-Schock» sprechen. Was war geschehen?

Am 5. Oktober 1957 stürzten die Ingenieure des Kreml den Westen in eine schwere Krise, manche sprachen von einem technischen Pearl Harbor, verglichen das Ereignis also mit dem verheerenden japanischen Luftangriff auf die US-Flotte im Zweiten Weltkrieg. Dass es der angeblich so rückständigen Sowjetunion gelungen war, einen künstlichen Erdtrabanten in den Weltraum zu schießen, bedeutete den größten Triumph des Ostblocks im Kalten Krieg. Sputnik 1 war ein Schock für den Westen, verursacht von einer Diktatur, die auf Wissenschaft und Technik setzte. War die sowjetische Supermacht der amerikanischen überlegen? Hatte der Kommunismus im militärischen Bereich die Nase vorn? Drohte Gefahr, gar Kriegsgefahr? Die sowjetische Nachrichtenagentur Tass triumphierte: «Künstliche Erdsatelliten werden dem Weltraumflug den Weg bereiten, und es hat den Anschein, als werde die gegenwärtige Generation Zeuge sein, wie die befreite und bewusste Arbeit der Menschen der neuen sozialistischen Gesellschaft selbst die kühnsten Träume der Menschheit verwirklicht.» Und das SED-Organ «Neues Deutschland» erinnerte mit einem Gedicht an den Beginn des neuen Menschen mit der russischen Oktoberrevolution: «Der neue Mensch war vierzig Jahre kaum / und seine roten Siegesfahnen wehten / von vielen mächt'gen Zinnen des Planeten / Da stieß er vor schon in den Weltenraum / Sein Stern umflog die Erde hoch und weit / und funkte Botschaft viele tausend Male / Es klang wie *Völker, höret die Signale* / Es war wie Anbruch einer neuen Zeit.» Die kommunistische Selbstwahrnehmung, dass man in vielen Dingen dem Westen überlegen sei, erfuhr eine Bestätigung, und für die USA ging der Nimbus der technologischen Überlegenheit verloren. Dementsprechend düster waren die westlichen Kommentare; Daily Mirror titelte: «Up goes a man-made moon. Russia beats America to it», und News Chronicle verkündete sogar schon: «Russia wins Space Race».

Sputnik 1 war nur einer von bald mehreren Triumphen für die Sowjetunion: Kaum vier Wochen später folgte Sputnik 2, der mit der Polarhündin Laika das erste Lebewesen in die Erdumlaufbahn schoss. Am 12. April 1961 war der Kosmonaut Jurij Gagarin in seiner «Wostok»-Raumkapsel der erste Mensch im Weltall, und zwei Jahre später umkreiste Valentina Tereschkowa als erste Frau der Welt 70 Stunden lang die Erde. Der Sputnik-Schock traf den Westen ins Mark, während die Sowjetunion patriotischen Stolz aus ihm schöpfte. Sowjetführer Nikita Chruschtschow glaubte sogar, die Amerikaner nun auch politisch und militärisch schlagen zu können. Das Selbstbewusstsein, mit dem der Kreml seit 1958 die Krise um Berlin entfachte und 1962 schließlich die fast in einen dritten Weltkrieg mündende Kuba-Krise hingen mit diesen Weltraumerfolgen zusammen. «Wir produzieren Raketen wie Würstchen», drohte Chruschtschow. John F. Kennedy, der junge amerikanische Präsident, nahm seit 1960 die Herausforderung an. Er wies die Sowjetunion in ihre Schranken und verkündete, dass am Ende des Jahrzehnts ein Amerikaner auf dem Mond stehen werde. Er sollte Recht behalten und Amerika siegte am Ende im Wettlauf um das Weltall.

22. Warum sagte Kennedy «Ich bin ein Berliner»? Am 26. Juni 1963 besuchte der junge charismatische US-Präsident John F. Kennedy im Rahmen seiner Europareise West-Berlin. Rund eine Million Menschen jubelten ihm zu, als er zunächst mit Bundeskanzler Konrad Adenauer und dem Regierenden Bürgermeister von Berlin, Willy Brandt, bei herrlichem Sommerwetter im offenen Wagen durch die Stadt fuhr. Um 13 Uhr betrat Kennedy die Tribüne vor dem Schöneberger Rathaus. Er konnte auf fast eine halbe Million Menschen blicken, die erwartungsvoll seiner Rede entgegenfieberten.

Kennedy hatte sich gut überlegt, was er sagen wollte, denn durch den Bau der Berliner Mauer am 13. August 1961 war es zu einer tiefen deutsch-amerikanischen Vertrauenskrise gekommen. Drei Wochen vor dem Mauerbau hatten die berühmten «Three Essentials» – die «drei Grundbedingungen» –, die Kennedy am 25. Juli 1961 im Fernsehen präsentiert hatte, der östlichen Seite die rote Linie gezeigt, die aus amerikanischer Sicht nicht überschritten werden durfte: 1. Anwesenheit westlicher Truppen in Berlin, 2. freier Zugang nach Berlin und 3. Freiheit und Lebensfähigkeit Berlins – all dies bezog sich wohlgemerkt nur auf den Westteil der Stadt. Erstmals hatte somit ein amerikanischer Präsident von West-Berlin statt von Berlin gesprochen. War dies eine «Einladung» Kennedys an den Osten gewesen, Absperrungsmaßnahmen vorzunehmen, um das Ausbluten der DDR zu verhindern? Hatte Kennedy ein Einverständnis zum Mauerbau signalisiert?

Am 16. August 1961, drei Tage nach dem Mauerbau, hatte die BILD-Zeitung mit einer der berühmtesten Schlagzeilen des Kalten Krieges aufgewartet: «Der Osten handelt – was tut der Westen? Der Westen tut NICHTS. US-Präsident Kennedy schweigt ... MacMillan geht auf die Jagd ... und Adenauer schimpft auf Brandt.» Tatsächlich waren die Westmächte erleichtert, dass mit dem Bau der Mauer die Krise um Berlin beendet war.

Kennedys Ansprache fast zwei Jahre später sollte für die Westberliner wie Balsam wirken: «Alle freien Menschen, wo immer sie leben mögen, sind Bürger dieser Stadt West-Berlin, und deshalb bin ich als freier Mensch stolz darauf, sagen zu können: ‹Ich bin ein Berliner›». West-Berlin war der Vorposten der Freiheit und der größte moralische Trumpf des Westens im Kalten Krieg. Mögen andere im Laufe der Jahre geschwankt haben – die Amerikaner blieben in dieser Hinsicht immer standhaft.

23. Wieso fiel ein deutscher Kanzler in Warschau auf die Knie?

Am 7. Dezember 1970 unterzeichneten die Regierungschefs und die Außenminister der Bundesrepublik Deutschland und der Volksrepublik Polen den Warschauer Vertrag. Wie in dem vier Monate zuvor vereinbarten Moskauer Vertrag verpflichtete man sich darin zum Gewaltverzicht und zum Einsatz für Frieden und Entspannung in Europa. Die Beziehungen zwischen Polen und Deutschen waren historisch extrem belastet. Polen war das erste Opfer der nationalsozialistischen Eroberungspolitik gewesen, und kein Volk hatte so furchtbar unter der Hitler-Diktatur und der deutschen Besatzung leiden müssen, wie das polnische. Mehr als jeder sechste polnische Bürger war dem Nationalsozialismus zum Opfer gefallen, sechs von 35 Millionen.

Im ersten Artikel des Warschauer Vertrages erkannte die Bundesrepublik die Oder-Neiße-Grenze als westliche Staatsgrenze Polens an. Auf die Vorwürfe deutscher Vertriebenenverbände und der Opposition, «deutsches Land» werde verschleudert, antwortete Bundeskanzler Willy Brandt: Nicht die sozialliberale Koalition, sondern die Reichsregierung Hitlers habe den deutschen Osten auf dem Gewissen. Mit den Ostverträgen werde nichts preisgegeben, was nicht schon längst von einem verbrecherischen Regime, dem Nationalsozialismus, verspielt worden sei. Der Vertrag solle einen Weg zur zukünftigen Versöhnung weisen. «Wir müssen», so Brandt, «unseren Blick in die Zukunft richten und die Moral als politische Kraft erkennen.»

Moral und Politik – dies verlangte nach einer überzeugenden Geste. Die Atmosphäre des Kanzlerbesuchs in Warschau war kühl, denn die Westdeutschen galten noch immer als aggressive Revisionisten. Vorgesehen war, dass der deutsche Regierungschef die Gedenkstätte für gefallene polnische Soldaten besuchte. Brandt selbst äußerte den Wunsch, auch am Denkmal für die Aufständischen des Warschauer Ghettos von 1944 einen Kranz niederzulegen. An jenem 7. Dezember trat Willy Brandt vor das Denkmal, ordnete die Schleifen des niedergelegten Kranzes, trat zurück und sank plötzlich und für alle vollkommen unerwartet auf die Knie. Mit gesenktem Kopf und gefalteten Händen blieb er etwa eine halbe Minute in dieser Stellung, bevor er sich ruckartig erhob und schweigend den Ort verließ. Das Bild des knienden Kanzlers ging um die Welt. Es überhöhte die völkerrechtlichen Verträge von Moskau und Warschau durch eine moralische Kraft sondergleichen. Brandt wurde so zu einer Ikone des Friedens. Hermann Schreiber, mitgereister Journalist des Nachrichtenmagazins DER SPIEGEL, beschrieb mit Blick auf den biographischen Hintergrund Brandts als Widerstandskämpfer gegen den Nationalsozialismus die Dramatik der Situation: «Dann kniet er, der das nicht nötig hat, da für alle, die es nötig haben, aber nicht knien – weil sie es nicht wagen oder nicht können oder nicht wagen können.»

Die Botschaft, die der Kniefall beinhaltete, war vieldeutig: Demut, Unterwerfung, Ehrbekundung. Der christliche Gestus verwies auf Schuld und Sühne. Durfte ein deutscher Kanzler als Repräsentant seines Landes niederknien? In einer Umfrage wenige Tage nach dem unerhörten Ereignis gaben 48 Prozent der befragten Bundesbürger an, sie empfänden die Geste als übertrieben. Insofern war die Frage, die an den in Warschau ebenfalls anwesenden ZEIT-Journalisten Hansjakob Stehle gestellt wurde, gar nicht abwegig: Ein polnischer Beobachter habe ihn, so berichtete er, während des Kniefalls flüsternd gefragt, «ob die Bundesrepublik einen solchen Kanzler schon verdient» habe.

Der Kniefall war das eindringlichste Symbol der Neuen Ostpolitik Willy Brandts, die zu einem Ausgleich mit den Ländern im Osten führte und die Westpolitik Konrad Adenauers ergänzte. Erst beides zusammen: Westintegration und Neue Ostpolitik machte die außenpolitische Staatsräson der Bundesrepublik komplett. Brandts Kniefall war ein Zeichen für die Veränderung Deutschlands nach dem Krieg, nämlich dafür, dass die Deutschen aus ihrer Geschichte gelernt hatten. Er symbolisierte den Übergang von der Phase des Verdrängens zur Zeit der Anerkennung und Aufarbeitung deutscher Schuld. Der ehemalige Bundespräsident Richard von Weizsäcker meinte viel später sogar, dass Brandts symbolische Geste die EU-Osterweiterung erst ermöglicht habe. Tatsächlich hat sie Vertrauen in die Deutschen geschaffen. Im Jahr 2000, dreißig Jahre nach dem Besuch Willy Brandts in Warschau, wurde dort ein Festakt begangen, an dem auch Bundeskanzler Gerhard Schröder mit einer Delegation teilnahm – der ehemalige Außenminister Walter Scheel war dabei sowie die Schriftsteller Günter Grass und Siegfried Lenz, die bereits 1970 Brandt begleitet hatten. Nach den Feierlichkeiten wurde ein Denkmal für den Kniefall in Warschau eingeweiht und ein Platz nach Willy Brandt benannt. Die Benennung eines Platzes nach einem Deutschen stellte ein Novum in Polen dar – nichts hätte den Wandel der deutsch-polnischen Beziehungen sinnfälliger machen können.

24. War die Bundesrepublik eine «Friedensmacht»? Seit dem Jahr 1901 wird der Friedensnobelpreis vergeben, und im 20. Jahrhundert haben ihn vier Deutsche erhalten: 1926 Außenminister Gustav

Stresemann, 1927 Ludwig Quidde, der wichtigste Vertreter der deutschen Friedensbewegung, 1935 Carl von Ossietzky, der bereits inhaftierte Widerstandskämpfer gegen den Nationalsozialismus und schließlich 1971 Bundeskanzler Willy Brandt. Als er am 10. Dezember in der Aula der Universität von Oslo die Urkunde und die Medaille entgegennahm, erschien das bundesrepublikanische «Modell Deutschland», von dem er häufig sprach, als «Friedensmacht». Die Bundesrepublik setzte sich bewusst von der aggressiven Hegemonial- und Kriegspolitik des Deutschen Reiches ab und folgte den Leitsternen Entspannung, Verständigung und Frieden. In der Begründung des Nobel-Komitees hieß es, Brandt habe mit seiner Neuen Ostpolitik – man dachte vor allem an den Warschauer Vertrag mit Polen – die Hand zur Versöhnung zwischen alten Feindesländern ausgestreckt. Kein deutscher Bundeskanzler stand je in weltweit so hohem Ansehen wie Brandt damals – Adenauer war nur im Westen geschätzt –, und dessen Politik der Aussöhnung mit den Staaten Ostmittel- und Osteuropas umgab die Aura einer großen Friedenstat. Flankiert wurde die Idee einer «Friedensmacht» dadurch, dass die sozialliberale Regierung auf Anregung von Bundespräsident Gustav Heinemann Mitte 1970 die «Deutsche Gesellschaft für Friedens- und Konfliktforschung» gründete, die nicht nur die Forschung vorantreiben, sondern auch den Friedensgedanken verbreiten sollte.

25. Worum handelt es sich beim deutsch-französischen Tandem?

Der am 22. Januar 1963 unterzeichnete Élysée-Vertrag über die deutsch-französische Zusammenarbeit ist zu einer tragenden Säule des Selbstverständnisses der beiden Nachbarn am Rhein geworden, und, gespeist von dem Topos der Völkerverständigung, umrankt ihn ein regelrechter Mythos. Der Weg lief offenbar geradewegs von der Erbfeindschaft zur Erbfreundschaft. Die Fotografie des Bruderkusses zwischen dem beinharten General de Gaulle und dem eingefleischten Zivilisten Adenauer nach der Vertragsunterzeichnung im Élysée-Palast gehört zur deutsch-französischen Ikonographie der Freundschaft.

Aber zeitgenössisch war das Werk höchst umstritten. Warum dieser Zweibund? Was wollte das «ewige Frankreich» mit dem «provisorischen Staat» Bundesrepublik anfangen? War dies nicht ein völlig ungleiches Paar? Wären die Liebesschwüre und die Hochherzigkeit General de Gaulles auch so groß gewesen, wenn Deutschland wiedervereinigt gewesen wäre, es die DDR, das zweite Deutschland, nicht gegeben hätte? Kam es für die im Kalten Krieg exponierte Bundesrepublik nicht in erster Linie auf einen engen Schulterschluss mit den USA an, in zweiter mit Großbritannien und erst in dritter mit Frankreich? So sahen es jedenfalls die Kritiker eines exklusiven Vertrages mit Frankreich. Denn dieser konnte leicht als Zustimmung der Bundesrepublik zu den fragwürdigen Plänen des Generals gedeutet werden: Großbritannien den Weg in die EWG mit Macht zu versperren und sich von den USA abzusetzen. Fieberhaft suchte man parteiübergreifend nach einem Ausweg. Der Bundestag ratifizierte den Vertrag im Mai 1963 schließlich erst, nachdem er mit einer Präambel versehen worden war, die es in sich hatte und beispiellos war in der jüngeren deutschen Diplomatiegeschichte. Sie war nichts anderes als eine subtile Form der Ablehnung, weil sie alle Themen aufführte, gegen die sich de Gaulle aussprach. Aussöhnung mit Frankreich - ja, aber der Vertrag stelle die Partnerschaft mit den USA nicht in Frage, auch nicht die NATO-Integration, ebenso wenig die Einigung Europas durch die EWG und den Beitritt Großbritanniens.

De Gaulle tobte und bezeichnete den Vertrag als Totgeburt; bei anderer Gelegenheit meinte er, die so hoffnungsvoll eingeleitete Ehe sei nicht vollzogen worden. Einer Brüskierung nur knapp entkommen war Bundeskanzler Adenauer, der den Vertrag seinerseits das Hauptwerk seiner gesamten Kanzlerschaft nannte. War dieses Adenauersche Hochjubeln nicht zu viel des Guten? Handelte es sich tatsächlich um eine «Begegnung der Völker»? Wären sich die beiden Völker diesseits und jenseits des Rheins ohne ihn nicht begegnet? War der Élysée-Vertrag wirklich der Dreh- und Angelpunkt der deutsch-französischen Beziehungen nach 1945? Oder war er genau das Gegenteil, nämlich ein ganz und gar überflüssiger Vertrag? Jedenfalls provozierte er Proteststürme. So waren die sowjetischen Führer überzeugt, dass er geheime militärische Klauseln enthalte, besonders im Nuklearbereich, und de Gaulle musste sich von der «Iswestija» sagen lassen, dass er «den Hals jener Flasche erweitert hätte, aus dem der schlechte Genius des deutschen Revanchegeistes zu entweichen sucht».

Dass der Élysée-Vertrag überhaupt zustande kam, grenzte also fast an ein Wunder, dass er sich bis heute zwar mit Höhen und Tiefen, insgesamt aber sehr erfolgreich entwickelte, nicht minder. Er schrieb zweimal jährlich stattfindende Konsultationen der Staats- und Regierungschefs beider Länder vor, daneben regelmäßige Konsultationen auf Ministerebene, und regelte die Zusammenarbeit in der Bildungs-, Kultur- und Jugendpolitik. Das wenige Monate später gegründete Deutsch-Französische Jugendwerk hat seither über 200 000 Austauschprogramme aufgelegt, an denen sich insgesamt über 6 Millionen Jugendliche beteiligten. An die Seite der zuerst rein kulturellen Beziehungen traten bald auch Fragen aus den Feldern Wirtschaft, Verteidigung und Sicherheit. Die Beziehungen zwischen Frankreich und der Bundesrepublik zeichnen sich somit durch eine im internationalen Vergleich ganz beispiellose Intensität aus. «Le couple» Paris-Bonn oder das «deutsch-französische Tandem» entwickelte sich zur Lokomotive der europäischen Integration, die bald auch Impulse aus der Gesellschaft heraus erhielt, welche die sozialen Beziehungen weiter festigten. Schließlich entfaltete der Freundschaftsvertrag, als seine umstrittene und holprige Entstehungsgeschichte zu verblassen begann, eine im Politischen nicht zu unterschätzende symbolische Wirkung. Es war wie so oft bei solchen Dingen: Das Ereignis wirkte umso strahlender und edler, je weiter man sich zeitlich von ihm entfernt hatte.

26. Hatte die Bundesrepublik Glück mit ihren Außenministern?
Auf jeden Fall kann man sagen, dass die Außenpolitik der Bundesrepublik Deutschland glücklich verlaufen ist, und daran hatten natürlich die jeweiligen Außenminister ihren Anteil. Bis zum Juni 1955, als die Bundesrepublik souverän wurde, nahm Kanzler Konrad Adenauer die auswärtigen Angelegen selbst wahr. Für die freiheitliche und demokratische Entwicklung des neuen Staates bildete seine Westpolitik das unabdingbare Schutzdach. Heinrich von Brentano und Gerhard Schröder, beide CDU, führten diese Politik der Westbindung bis 1966 fort, Schröder leitete in den 1960er Jahren sogar behutsam eine Ostpolitik ein, die anschließend von Willy Brandt, dem Außenminister der Großen Koalition, beschleunigt und mit neuen Ideen fortgesetzt wurde. In der ersten sozialliberalen Koalition seit 1969 amtierte Walter Scheel, der die Entspannungspolitik und Aussöhnung mit den Staaten Osteuropas gemeinsam mit Brandt und Egon Bahr vorantrieb. Ihm folgte Hans-Dietrich Genscher. Er stand dem Auswärtig Amt am längsten vor, nämlich bis 1993, prägte es wie niemand zuvor und überragt unbestreitbar sämtliche Außenminister der Republik. Umtriebig und allgegenwärtig, war er so etwas wie die «vertrauensbildende Maßnahme» der Deutschen in der Welt, was

nicht zuletzt in der Phase der deutschen Wiedervereinigung einen unschätzbaren Wert darstellte. Klaus Kinkel, ebenfalls FDP, hatte es nach dieser glänzenden Ära schwerer und war vor allem mit dem Jugoslawienkrieg konfrontiert. Joschka Fischer von den GRÜNEN betrieb seit 1998 Menschenrechtspolitik und musste bald schmerzlich einsehen, dass die Verhinderung von Völkermord nur mit militärischen Mitteln möglich war – deshalb griff die Bundesrepublik in den Kosovo-Konflikt ein.

Die Bilanz der Außenpolitik nach 40 Jahren, also bis 1989, hat die Forschung auf den Begriff gebracht, dass sich eine «Zivilmacht» Bundesrepublik herausgebildet habe. Anders als ein klassischer, auch mit militärischen Mitteln agierender Machtstaat – dieser Weg war den Deutschen aufgrund ihrer Geschichte versperrt – zielt eine Zivilmacht auf eine friedliche Konfliktregelung, auf internationale Integration und auf einen Multilateralimus. Dass die Bundesrepublik ein Handelsstaat war und sich bei ihr somit Außen- und Wirtschaftspolitik – Stichwort «Exportweltmeister» – verschränkten, erleichterte diesen Weg zusätzlich. Auch wenn die Bundesrepublik Deutschland seit 1990 größere internationale Verantwortung als jemals in ihrer Geschichte trägt und militärisch nicht mehr beiseite stehen konnte, so ist sie doch bis heute die treibende Kraft bei der Verrechtlichung der internationalen Beziehungen, der «global governance». Selbstbehauptung und Selbstbeschränkung hießen die beiden Maximen deutscher Außenpolitik, deren Markenzeichen stets Kontinuität und Verlässlichkeit über Regierungswechsel hinweg blieben. Der bisher letzte deutsche Außenminister, Frank-Walter Steinmeier, SPD, verfolgt diese Richtung weiter. Gewaltprävention und Konfliktvermeidung werden auch in der Zukunft die Grundpfeiler kluger Politik sein.

27. Wo liegen die Unterschiede zwischen EWG, EG und EU? Über Europa zu schimpfen, ist eine Lieblingsbeschäftigung zahlreicher Zeitgenossen. In den 1970er Jahren schüttelte man über die «Milchseen» und «Butterberge» den Kopf – Resultate einer verfehlten Agrarpolitik. Heute zetert so mancher über den Euro oder das Demokratiedefizit des Europäischen Parlaments. Doch jenseits vieler, auch berechtigter Kritik kann nicht bestritten werden, dass die europäische Integration nach 1945 die erstaunlichste und größte Erfolgsgeschichte in der zweiten Hälfte des 20. Jahrhunderts darstellt. Nach zwei Weltkriegen war Europa 1945 ein Trümmerfeld und auch moralisch am Boden; tiefer konnte man nicht mehr sinken. Hatte dieser Kontinent der Gewalt und der Katastrophen noch eine Zukunft?

Der jährlich gefeierte Europatag am 9. Mai erinnert an das Jahr 1950, als der französische Außenminister Robert Schuman einen von Jean Monet – dem schöpferischsten Europäer der Nachkriegszeit – entwickelten Plan vorstellte, die Kohle- und Stahlproduktion Frankreichs und der Bundesrepublik zusammenzulegen. Nachdem sich noch Italien sowie die Beneluxstaaten angeschlossen hatten, trat im Juli 1952 der Vertrag über die Bildung der Europäischen Gemeinschaft für Kohle und Stahl (EGKS) in Kraft. Wer kann – so wenige Jahre nach dem verheerenden Zweiten Weltkrieg – verdenken, dass dabei auch das Motiv mitspielte, die Deutschen durch Integration zu kontrollieren. Andererseits beherzigten sämtliche Bundesregierungen ihrerseits bis heute eine Maxime: Im Namen Europas können die Deutschen am wirkungsvollsten eigene Interessen vertreten. Deutschland profitierte am meisten von der europäischen Integration.

Mit den Römischen Verträgen des Jahres 1957 über die Gründung der Europäischen Wirtschaftsgemeinschaft (EWG) und einer Zusammenarbeit zur friedlichen Nutzung der Atomenergie (EURATOM) war für die Bundesrepublik Deutschland die Phase der Eingliederung in den Westen abgeschlossen. Im Juli 1967 kam es zur Fusion der bisherigen drei europäischen Gemeinschaften – EGKS, EWG und EURATOM – zur Europäischen Gemeinschaft (EG). Im Jahr darauf wurde die Zollunion realisiert. Nachdem Frankreich seine Blockadepolitik gegenüber Großbritannien beendete – das 1961, 1962 und 1967 Beitrittsanträge gestellt hatte, aber immer am entschiedenen «Non» des französischen Präsidenten de Gaulle gescheitert war –, konnte die Norderweiterung eingeläutet werden. Mit Irland, Dänemark und Großbritannien bekam die EG 1973 drei neue Mitglieder. Ende der 1970er Jahre stellte sich die Frage der Süderweiterung. In Griechenland, Spanien und Portugal gelang es, autoritäre Regime zu überwinden und den Weg zum Aufbau demokratischer Gesellschaften freizumachen. Musste man diese Länder durch eine rasche Aufnahme in die EG dabei nicht unterstützen? Europa erwies sich als Förderer und Garant einer Demokratisierung. Dies sollte später, nach dem Ende des Kalten Krieges, bei der bisher letzten Erweiterungsrunde, der Osterweiterung, genauso sein. Auch die erste Direktwahl zum Europäischen Parlament vom 7. bis 10. Juni 1979 war ein großes Ereignis; die Parteien nahmen die Wahlen ebenso ernst wie die Wähler.

Mittlerweile gelten Europawahlen fatalerweise als Möglichkeit, «Protest» zu wählen.

Die Römischen Verträge von 1957 waren der erste Meilenstein auf dem Weg nach Europa, den ebenbürtigen zweiten Meilenstein bildet der Vertrag von Maastricht von 1992, der aus der Europäischen Gemeinschaft die Europäische Union (EU) werden ließ. Als «Wirtschaftsgemeinschaft» hatte Europa begonnen, nun ging es um die neue Qualität einer «politischen Gemeinschaft». Dies zielte einerseits auf eine politische Verdichtung der Beziehungen zwischen den Mitgliedsstaaten und andererseits auf eine gemeinsame europäische Innen-, Außen- und Sicherheitspolitik.

28. Was war der NATO-Doppelbeschluss? Dieser «doppelte Beschluss» war in mehrfacher Hinsicht von herausragender Bedeutung: International trug er dazu bei, dass die Sowjetunion im Rüstungswettlauf nicht mehr mithalten konnte, auf europäischer Ebene ließ er eine große Friedensbewegung entstehen und im nationalen Rahmen läutete er das Ende der sozialliberalen Regierung ein. Worum handelte es sich?

Seit 1977 war bekannt – vor allem Bundeskanzler Helmut Schmidt hatte mehrmals darauf hingewiesen –, dass die UdSSR Monat für Monat Raketen mit jeweils drei Sprengköpfen in Dienst stellte, die im Westen als SS-20 bezeichnet wurden. Diese Waffen konnten Westeuropa vom Boden der Sowjetunion aus erreichen, nicht aber die USA, weshalb sie nicht den SALT-Bestimmungen unterlagen; SALT regelte nur die Begrenzung strategischer Interkontinentalwaffen. Militärische Aufrüstung der Sowjetunion trotz nach außen praktizierter Entspannungspolitik – wie sollte der Westen darauf reagieren? Im Januar 1979 trafen sich die Staats- und Regierungschefs der USA, Großbritanniens, Frankreichs und der Bundesrepublik Deutschland zu einem «Vierergipfel» auf der Karibikinsel Guadeloupe. Hier wurden die Weichen für den NATO-Doppelbeschluss gestellt. Jimmy Carter, der amerikanische Präsident, schlug vor, neue Waffen als Gegengewicht zur sowjetischen Aufrüstung in Europa zu stationieren. Die Europäer zögerten und meinten, man solle zunächst mit der Sowjetunion verhandeln, bevor neue Waffen aufgestellt würden. Damit war im Prinzip die Idee des NATO-Doppelbeschlusses geboren. Erstmals sollten Rüstungskontrollverhandlungen *vor* dem Vollzug eines Rüstungsbeschlusses stattfinden. Am 12. Dezember 1979 wurde der

Doppelbeschluss im NATO-Rat in Brüssel offiziell gefasst. Er sah vor, dass im Falle eines Nichtabbaus der SS-20-Raketen binnen vier Jahren – so lange gab man der UdSSR für Abrüstungsverhandlungen Zeit – 108 amerikanische «Pershing II»-Raketen und 464 Marschflugkörper vom Typ «Cruise Missile» vor allem in der Bundesrepublik stationiert werden sollten, um das Kräftegleichgewicht in Europa wiederherzustellen.

In ganz West-Europa formierte sich eine breite Friedensbewegung, doch besonders in der Bundesrepublik wuchs sie so stark an wie nie zuvor. Am 10. Oktober 1981 demonstrierten in Bonn rund 300 000 Menschen gegen die atomare Rüstung, und im Juni 1982, als in der Bundeshauptstadt der NATO-Gipfel stattfand, wuchs die Zahl der Demonstrierenden auf über eine halbe Million Menschen an. Monatelang blockierten Demonstranten das US-Raketenlager im südwestdeutschen Mutlangen. Ihren Höhepunkt erreichte die Friedensbewegung im Oktober 1983. In einer «Aktionswoche» gegen die NATO-Nachrüstung bildeten Demonstranten eine 108 km lange Menschenkette von Ulm bis Stuttgart, und in Bonn demonstrierten eine Million Menschen. Kein anderes Ereignis hat jemals in der Bundesrepublik so viele Demonstranten auf die Straße gebracht wie die Nachrüstung.

Aber die Nachrüstung konnte durch die Friedensbewegung nicht verhindert werden. Und so aufrichtig pazifistisch der Protest von Menschen aus allen gesellschaftlichen Schichten gegen den Rüstungswahn auch war, so muss man doch der Friedensbewegung eine gewisse Blauäugigkeit und Einseitigkeit bescheinigen. Ohne den NATO-Doppelbeschluss – den Bundeskanzler Schmidt vehement verteidigte, während seine eigene Partei, die SPD, ihn ablehnte und damit ihrem Kanzler das Vertrauen entzog – wäre die Sowjetunion nicht in ihre Schranken verwiesen worden. Vermutlich wäre sie nicht so schnell zerfallen, wie es tatsächlich geschehen ist, weil sie sich finanziell und wirtschaftlich zu Tode gerüstet hatte. Die neue Bundesregierung unter Helmut Kohl, die nach der Bundestagswahl von 1983 auch ein Mandat für ihre Sicherheitspolitik erhalten hatte, setzte die Nachrüstung durch.

29. In welchen Formen leistete die Bundesrepublik Entwicklungshilfe? Dass Entwicklungshilfe eine freiwillig geleistete Hilfe sei, für die ausschließlich moralische Maßstäbe gelten würden, ist ein Irrtum. Die bundesdeutsche Politik gegenüber Staaten der «Dritten Welt» hat seit 1949 mehrere Wandlungen durchgemacht, die verdeutlichen, wie stark sie bestimmten Interessen verhaftet ist. Von 1949 bis 1969 stand die Entwicklungshilfe ganz im Zeichen des Systemkonflikts zwischen der Bundesrepublik und der DDR: Hilfe konnte von der Bundesrepublik nur erwarten, wer ihren Alleinvertretungsanspruch anerkannte und die DDR mied. 1961 wurde ein eigenständiges Ministerium gegründet, das bezeichnenderweise den Namen «Bundesministerium für wirtschaftliche Zusammenarbeit» trug und zunächst von Walter Scheel (FDP) geleitet wurde; erst 1993 trat zu «Wirtschaftliche Zusammenarbeit» der Zusatz «und Entwicklung» hinzu. Das Ministerium wurde gebildet, da der amerikanische Präsident John F. Kennedy 1961 eine «Dekade der Entwicklung» ausgerufen hatte und die 1960er Jahre eine Ära der weltweiten Entkolonialisierung waren. Einen bedeutsamen Wandel brachte der Machtwechsel von 1969. Entwicklungshilfepolitik sollte internationale Sozial- und Friedenspolitik sein und unter dem Motto «Hilfe zur Selbsthilfe» stehen. Mit seinen hochfliegenden Plänen, die Entwicklungshilfe als dritte Säule der bundesdeutschen Außenpolitik – neben der West- und der Ostpolitik – zu etablieren, scheiterte der Minister für wirtschaftliche Zusammenarbeit Erhard Eppler (SPD) letztlich jedoch. Seit Mitte der 1970er Jahre dominierte ein pragmatischer Zug die Entwicklungshilfe. Sie entsprang nicht vorrangig der Menschenfreundlichkeit, sondern Geld floss dorthin, wo es deutschen Interessen diente. Wie die meisten Länder der Welt hat es die Bundesrepublik nie geschafft, den von der UNO 1970 geforderten Entwicklungshilfesatz von 0,7 Prozent des Bruttosozialprodukts zu erreichen. Der höchste Wert wurde 1979 mit 0,44 Prozent erreicht.

30. Wird Deutschland auch am Hindukusch verteidigt? Immer wieder einmal sagt ein Politiker etwas, womit er seine Zuhörer arg verblüfft. Anschließend merkt man, dass er damit eine komplizierte Sache anschaulich ausgedrückt hat. So verhält es sich mit dem Ausspruch des bundesdeutschen Verteidigungsministers Peter Struck (SPD) aus dem Jahr 2002, wonach Deutschland auch am Hindukusch verteidigt werde. Am Hindukusch in Afghanistan? Tausende Kilometer von der Heimat entfernt? Außerhalb des NATO-Gebietes? Wir sind beim Kern angelangt: den Out-of-area-Einsätzen der Bundeswehr. Nach den Terrorangriffen gegen die USA am 11. September

2001 sicherte Bundeskanzler Gerhard Schröder den Vereinigten Staaten die Solidarität der Bundesrepublik zu, was auch ein Engagement im Krieg gegen die afghanischen Taliban einschloss. Seit der Besetzung des Landes erhalten deutsche Truppen gemeinsam mit Alliierten aus verschiedenen Ländern den Frieden aufrecht und – in der Sprache Peter Strucks – verteidigen sie dort die Sicherheit Deutschlands gegen den internationalen Terrorismus.

Bis zur Wiedervereinigung hatte die BRD nicht direkt an Kriegen teilgenommen. Meist floss viel Geld – und andere kämpften. Diese «Scheckbuchdiplomatie» war seit den 1990er Jahren zu Ende; die Partner erwarteten jetzt mehr. Die Deutschen sollten sich aktiv beteiligen. 1992 nahm die Bundeswehr erstmals an einem Einsatz der UNO teil und entsandte Soldaten nach Kambodscha. Auch in den jugoslawischen Krieg griff sie im Rahmen der EU ein. Das Bundesverfassungsgericht stellte im Juli 1994 klar, dass Einsätze der Bundeswehr außerhalb des NATO-Territoriums mit dem Grundgesetz vereinbar seien, wenn sie der Erhaltung und Durchsetzung des Friedens dienen. Eine neue Qualität erhielten die Auslandseinsätze der Bundeswehr unter der rot-grünen Bundesregierung seit 1998 – ausgerechnet in einer Konstellation, als die GRÜNEN, die in erheblichen Teilen aus der Friedensbewegung hervorgingen, erstmals an einer Regierung im Bund beteiligt waren. Schwere Konflikte innerhalb der Partei und der Koalition blieben nicht aus, aber es war das Verdienst von Außenminister Joschka Fischer, dass Deutschland sich heute im Konzert der Staaten und Mächte beteiligt – und zwar nach Maßgabe seiner eigenen Interessen und seiner Geschichte. Und in diesem Sinne argumentierte auch Verteidigungsminister Struck. Jenseits von individueller Einschätzung und Kritik kann somit die Behauptung, Deutschland werde auch am Hindukusch verteidigt, durchaus ein deutsches Interesse ausdrücken.

«BRDDR» – Deutsch-deutsche Beziehungsgeflechte

31. Wann begann die Spaltung Deutschlands?

Einen exakten Zeitpunkt kann man nicht angeben, denn es handelte sich um einen Prozess, der über verschiedene Stufen und Ereignisse ablief, sich dadurch beschleunigte und 1949 zur doppelten Staatsgründung von Bundesrepublik und DDR führte. Unter den Alliierten war während des Krieges umstritten, wie die Zukunft des Deutschen Reiches aussehen sollte. Würde es weiterhin einen Einheitsstaat geben oder würde das besiegte Land aufgesplittert werden? Sollte man dieses kriegerische Deutschland nicht ein für alle Mal ruhig stellen und in einen «Agrarstaat» verwandeln – so einer der radikalsten Entwürfe, der Morgenthau-Plan aus den USA? In welchen ordnungspolitischen und gesellschaftlichen Prägungen sollte Deutschland fortbestehen? Auf der Kriegskonferenz von Jalta im Februar 1945 einigten sich die Alliierten darauf, dass Deutschland in Besatzungszonen eingeteilt werden sollte. Sofort nach dem Krieg übernahmen die vier Siegermächte die Oberste Gewalt in Deutschland und verabschiedeten auf der Potsdamer Konferenz im Juli und August 1945 gemeinsame Prinzipien. Aber verstanden auch alle das Gleiche darunter? Bedeutete etwa «Demokratisierung» im kommunistischen Gebrauch nicht etwas völlig anderes als im liberal-kapitalistischen? Das Problem war, dass sich die Alliierten zwar verpflichteten, gemeinsam für «Deutschland als Ganzes» verantwortlich zu sein – daher wurde ein «Alliierter Kontrollrat» in Berlin eingerichtet –, dass jedoch jede Siegermacht in ihrer Besatzungszone die Politik bestimmen konnte. Weil in den Westzonen und in der Ostzone unterschiedliche gesellschaftspolitische Wege eingeschlagen wurden, ging bald ein Riss durch Deutschland. Mit den «antifaschistisch-demokratischen Umwälzungen» in der sowjetischen Besatzungszone – eine spezifische Entnazifizierung, die Enteignung der Großbetriebe und eine Bodenreform – wurde ein kommunistisches System installiert, das mit westlichen Vorstellungen nicht mehr vereinbar war. Auf vielen Feldern schlug der Osten einen Sonderweg ein. Am frühesten zeichnete sich die Spaltung Deutschlands in den Parteien ab. Zusammen mit den ostdeutschen Kommunisten übte die sowjetische Besatzungsmacht massiven Druck auf die Sozialdemokraten aus und zwang sie im April 1946, sich mit der KPD zur Sozialistischen

Einheitspartei, SED zusammenzuschließen. Mit dieser Zwangsvereinigung hatte die SPD im Osten aufgehört zu existieren, während sie in vielen Teilen Westdeutschlands die stärkste Kraft war.

Auf internationalen Konferenzen wurde rasch klar, dass die Zweckallianz des Kriegs zerfiel und die Idee, der Westen könne Deutschland gemeinsam mit den Sowjets regieren, eine Illusion war. 1947 reagierten die Amerikaner mit dem Marshall-Plan, der Europa finanzielle Hilfs- und Wiederaufbaumittel zur Verfügung stellte, aber auch eine ideologische Speerspitze gegen den Kommunismus und die Sowjetunion darstellte. US-Präsident Harry S. Truman hatte zuvor von einer Zweiteilung der Welt gesprochen, und die Trennlinie verlief durch Deutschland. Im Kreml beurteilte Stalin die Lage nicht anders. Die Sowjets gingen davon aus, dass sich zwei Lager unversöhnlich gegenüberstanden und gründeten das «Kommunistische Informationsbüro», das für die Weltrevolution zuständig sein sollte. Nach heftigem Streit über die künftige Deutschlandpolitik der Siegermächte zog die Sowjetunion im März 1948 ihre Vertreter aus dem Alliierten Kontrollrat zurück, der infolge des Einstimmigkeitsprinzips seither nicht mehr arbeitsfähig war. So zerbrach eine wichtige gesamtdeutsche Klammer. Amerikaner und Briten schlossen ihre Besatzungszonen zur Bizone zusammen, später kam die französische Zone noch dazu (Trizone). Der Streit um eine Währungsreform führte 1948 zur Berlin-Blockade der Sowjetunion, was wiederum die Westmächte dazu veranlasste, von «ihren» Deutschen die Gründung eines Weststaates zu fordern. In der sowjetischen Besatzungszone waren die Vorbereitungen für einen Oststaat schon seit langem angelaufen, denn die ostdeutschen Kommunisten drängten früh auf eine eigene Staatsbildung. Dass die DDR erst wenige Monate nach der Bundesrepublik offiziell aus der Taufe gehoben wurde, hatte allein strategische Gründe: So konnte dem Westen die Schuld an der deutschen Teilung in die Schuhe geschoben werden.

32. Was war das «Päckchen nach drüben»? «Drüben», das bedeutete in den 1950er und 1960er Jahren die «Zone». Es war dort, wo die Deutschen in Unfreiheit leben mussten und nach dem Mauerbau nicht mehr fort konnten. Dort herrschte ein Regime, das auf sowjetischen Bajonetten ruhte. Glücklicherweise stand man «hüben» auf der «richtigen» Seite des Kalten Krieges und konnte sich an der Demokratie, die Wohlstand und Konsum versprach, erfreuen. Die DDR wurde von den meisten Westdeutschen als ein fernes und fremdes Land wahrgenommen, und wie die «Brüder und Schwestern» dort im Alltag ausharrten, darüber hatte man keine genauen Vorstellungen. Hatte das Regime sie alle bereits zu strammen Kommunisten umgemodelt? Das bundesdeutsche Ministerium für gesamtdeutsche Fragen ließ Litfasssäulen mit Plakaten wie «Denk an Drüben» bekleben – aber woran sollte man da denken? – und organisierte einen Versand von Päckchen in die DDR: an Verwandte und Freunde das «Päckchen nach drüben». Enthalten waren zumeist kulinarische Segnungen der Wirtschaftswunder-Konsumwelt, wie Bohnenkaffee, Puddingpulver und auch einmal eine Dose Ravioli. Nicht alles kam dort an, wo es hin sollte, da die Staatssicherheit vieles abfing. Doch über Mauer und Stacheldraht entwickelte sich eine Waren-Kommunikation zwischen West- und Ostdeutschen. Und wenn Bundesbürger zu Weihnachten auch ein Päckchen von ihren Verwandten aus dem Osten erhielten, bestückt mit Dresdner Stollen und Räucherkerzenfiguren – dann schien für ein paar Stunden die deutsch-deutsche Welt wieder in Ordnung.

33. Was waren die «Stalin-Noten»? War die DDR «Stalins ungeliebtes Kind», wie einige Historiker meinen? Wäre ihm ein neutrales Gesamtdeutschland lieber gewesen und hätte er dafür die Kriegsbeute DDR losgelassen? Diese Fragen haben Spekulationen angeheizt und zeitgenössisch wie in der Wissenschaft ungewöhnlich lange und leidenschaftliche Debatten ausgelöst. Alles begann am 10. März 1952, als der sowjetische Diktator Stalin allen drei Westmächten eine gleich lautende Note auf den Tisch legte. Die UdSSR schlug darin ein aus den Machtblöcken ausgeklammertes, neutralisiertes Deutschland in den Grenzen von 1945 vor, also ohne die ehemaligen Ostgebiete. War dies eine sensationelle, ernst gemeinte Offerte? War Stalin wirklich bereit, die DDR aufzugeben? Oder lief die Note nur auf einen durchsichtigen Bluff hinaus? Sollte sie bloß ein gezieltes Störmanöver sein, um den bevorstehenden Abschluss der Westverträge – also die volle Eingliederung der Bundesrepublik in den Westen – zu torpedieren? Oder gab es 1952 eine Chance zur Wiedervereinigung? Bereits damals standen sich zwei Interpretationen schroff gegenüber: die Angebotsthese und die Propagandathese. Bis zum Herbst 1952 folgten weitere Noten, und da die Westmächte ihrerseits antworteten, entwickelte sich ein regelrechtes west-östliches Notengefecht.

Konrad Adenauer zweifelte keinen Augenblick und nannte die Stalin-Noten einen «Fetzen Papier». Genauso wenig wie die Amerikaner war er bereit, sich beirren und vom eingeschlagenen Weg der Westintegration abbringen zu lassen. Adenauers Verteidiger haben den Kanzler bis in die Gegenwart hinein stets dafür gelobt, dass er den westlichen Teil Deutschlands vor einem langfristigen Zugriff der UdSSR gerettet und somit ein «Sowjetdeutschland» verhindert habe. Seine Kritiker hingegen fragten, ob nicht doch vielleicht eine Gelegenheit zur Wiederherstellung des gesamtdeutschen Nationalstaats verpasst worden sei. Im April 1952 schrieb der SPD-Vorsitzende Kurt Schumacher dem Kanzler einen eindringlichen Brief: Es dürfe nichts unversucht bleiben, um «festzustellen, ob die Sowjetnote eine Möglichkeit bietet, die Wiedervereinigung in Frieden und Freiheit durchzuführen. Wenn sich bei den Verhandlungen herausstellen würde, dass es keine Möglichkeit gebe, dann wäre doch auf jeden Fall klargestellt, dass die Bundesrepublik keine Anstrengung gescheut hat, um eine sich bietende Chance zur Wiedervereinigung Deutschlands und Befriedung Europas auszunützen». Auch wichtige Parteifreunde Adenauers und Minister in seinem Kabinett, vor allem Jakob Kaiser, der Minister für Gesamtdeutsche Fragen, warnten vor einer zu hastigen Ablehnung. Ähnlich sahen es Vizekanzler Franz Blücher von der FDP, aber auch Heinrich von Brentano, der Vorsitzende der CDU/CSU-Bundestagsfraktion. Nicht zuletzt war die Presselandschaft in der Bundesrepublik gespalten. Durfte man mit Blick auf die ostdeutschen Landsleute, die in Knechtschaft leben mussten, auch nur irgendetwas unterlassen, um zu erfahren, ob es die Sowjets ernst meinten? Aber der Westen stellte Stalin 1952 nicht auf die Probe. Vor allem für die USA kam es unter keinen Umständen in Frage, Westdeutschland für eine neutralistische Lösung aufzugeben.

Die Kontroverse schwelte jahrzehntelang weiter, bot sie den Kritikern des Kanzlers doch die wohlfeile Gelegenheit, ihm vorzuwerfen, er habe die deutsche Wiedervereinigung gar nicht gewollt. Dutzende Bücher sind über die Stalin-Noten geschrieben worden. Seitdem im Jahr 2007 auch russische Akten eingesehen werden konnten, sind sämtliche Zweifel ausgeräumt. Es handelte sich um einen schnöden «Bluff» Stalins: Er wollte nur eines, nämlich Unruhe stiften und Zwietracht sähen, um die Eingliederung der Bundesrepublik in den Westen zu torpedieren. Dies misslang.

34. Wieso zündete man am 17. Juni Kerzen an? Der Volksaufstand vom 17. Juni 1953 in der DDR, an dem sich rund eine Million Menschen beteiligten, war eine der wenigen demokratischen Erhebungen in der deutschen Geschichte. Er wurde noch am selben Tag von der Roten Armee blutig niedergeschlagen – die Revolution scheiterte tragisch, aber sie traf die Deutschen im Osten wie im Westen ins Mark. In der Bundesrepublik erklärte das Parlament den 17. Juni zum «Tag der deutschen Einheit» und während der 1950er und frühen 1960er Jahre wurden an diesem Nationalfeiertag unzählige Aktionen veranstaltet, getragen von Parteien, Verbänden und Kirchen, vor allem aber von dem überparteilichen «Kuratorium Unteilbares Deutschland». Sie sollten die Einheit der Nation im Bewusstsein der Deutschen aufrechterhalten und der Welt vom Unrecht in Ostdeutschland künden. So verkauften zahlreiche Helfer beispielsweise auf der Straße Anstecknadeln und Plaketten; Ende 1961 besaßen 21 Millionen Westdeutsche die Plakette «Macht das Tor auf», die das nach dem Mauerbau geschlossene Brandenburger Tor abbildete. Tausende von Mahnmalen und Gedenksteinen wurden in größeren und kleineren Städten aufgestellt, Straßen und Brücken wurden umbenannt, besonders oft in «Berliner Freiheit», Fackelzüge, «vaterländische Wanderungen» und Stafettenläufe von Helgoland bis zur Zugspitze, von Saarbrücken bis nach Braunschweig fanden statt. Überall in der Bundesrepublik brannten Mahn-, Freiheits- und Treuefeuer, um die ostdeutschen «Brüder und Schwestern» nicht zu vergessen. In West-Berlin leuchteten von Türmen, vielen Hochhäusern und sämtlichen natürlichen Erhebungen am Vorabend des 17. Juni Feuer. Der Grunewaldturm und die Siegessäule standen in rotes Licht getaucht.

Mit der Aktion «Trotzt Mauer und Stacheldraht» forderte das Kuratorium die Bundesbürger im Dezember 1961 auf, an Heiligabend um 19 Uhr Kerzen an die Fenster und eine Kerze auf den Weihnachtstisch zu stellen – als Zeichen der Verbundenheit mit den Landsleuten im Osten. Bereits seit Mitte der 1950er Jahre hatte es in Ortschaften an der deutsch-deutschen Grenze dieses Kerzenritual gegeben. Gerade in Berlin wollten die Menschen durch die Kerzen am Fenster mit ihren Freunden, Bekannten und Verwandten im Osten Kontakt aufnehmen. Das SED-Regime unterband dies allerdings umgehend: Durch ein neues, eng gestaffeltes Sicherheitssystem an der Mauer und durch zahlreiche Sichtblenden war von Ost-Berliner Seite aus fast nirgends mehr ein Blick nach Westen möglich.

Das Aufstellen von Kerzen war während der Berliner Blockade 1948 zum ersten Mal vorgekommen. Als Ausdruck kollektiver Trauer hatten dann die Berliner nach der Nachricht des überraschenden Todes ihres beliebten Oberbürgermeisters Ernst Reuter, der in dieser Krisensituation eine Schlüsselrolle gespielt hatte, Ende September 1953 spontan Millionen Kerzen an die Fenster gestellt. Darüber hinaus symbolisierten die im Fenster stehenden Kerzen das Warten auf die Heimkehr der Kriegsgefangenen. Dieser nationale «Kerzenkult» verknüpfte also die Toten und Inhaftierten des 17. Juni 1953 mit den Toten und Gefangenen des Zweiten Weltkrieges. Das Licht der Kerzen und der Schein der Feuer spendeten Hoffnung und demonstrierten Verbundenheit, symbolisierten aber auch Erlösung.

35. Warum ließ Ulbricht die Mauer bauen und wie sah sie aus?
Man muss sich die Situation Berlins einmal plastisch vorstellen um zu ermessen, welche Pein sie bei der SED tagtäglich auslöste; «westlicher Stachel im Fleisch der DDR» sagt sich ja so leicht. Es wäre so gewesen, als hätte der noble Vorort von Bonn, Bad Godesberg, zum Ostblock gehört. Dort hätten bis auf die Zähne bewaffnete Sowjets gesessen und die meisten Westdeutschen hätten nur danach getrachtet, so schnell wie möglich ins kommunistische Paradies überzutreten. Im Oktober 1958 sprach Walter Ulbricht davon, dass die DDR die Hoheitsgewalt für ganz Berlin beanspruche, einen Monat später, am 27. November 1958, ergingen sowjetische Noten an die drei Westmächte, die als «Berlin-Ultimatum» Berühmtheit erlangten und den Ost-West-Konflikt in den folgenden Jahren bis an die Schwelle des Krieges führten. Innerhalb von sechs Monaten, so die Forderung Nikita Chruschtschows, müssten die Westmächte der Umwandlung West-Berlins in eine entmilitarisierte «Freie Stadt» zustimmen, also ihre Truppen abziehen. West-Berlin ohne den Schutz der Amerikaner, Briten und Franzosen? Man benötigte nicht den Hauch von Fantasie, um sich auszumalen, was dies bedeutet hätte. Berlin wäre eine «vogelfreie» Stadt gewesen. Allerdings war die Vermutung des Ostens, man könne mit einem solchen Erpressungsversuch erfolgreich sein, nicht nur ein Hirngespinst, denn tatsächlich waren es vor allem die Briten leid, sich ständig mit dem Berlinproblem herumplagen zu müssen. Ulbricht drängte, doch zu seiner Enttäuschung setzte Chruschtschow sein Ultimatum mehrfach aus, weil er vor den unwägbaren Folgen zurückschreckte. Unterdessen schwoll der Flücht-

lingsstrom weiter an. Es wurde immer offensichtlicher, dass der SED-Staat regelrecht ausblutete. Die innerdeutsche Grenze war zwar seit Mitte der 1950er Jahre «abgedichtet», doch 95 % der Flüchtlinge aus der DDR verließen das Land durch das «Schlupfloch» Berlin.

Zwischen 1945 und 1961 hatten dreieinhalb Millionen Menschen die SBZ und die spätere DDR verlassen. Besonders Jüngere und gut Ausgebildete stimmten mit den Füßen gegen den «Arbeiter- und Bauern-Staat» ab. Moskau machte sich Sorgen. Würde, wenn dieser Vorposten fiele, dann nicht auch Polen, ja ganz Osteuropa verloren gehen? Musste man, so wird sich Chruschtschow gefragt haben, nicht den Brand- und Bettelbriefen Ulbrichts endlich nachgeben und seine Pläne zur Abschottung akzeptieren? Seit den 1950er Jahren hatte die SED ein Konzept nach dem anderen entworfen, um das Loch West-Berlin zu stopfen. Als Vorbereitung einer späteren Isolierung West-Berlins konnte die kostspielige Verlegung eines Eisenbahnringes rund um die Westsektoren gelten. Doch gleich kamen Chruschtschow wieder Zweifel: Würde eine solche Aktion in der Welt nicht als Bankrotterklärung und ideologische Niederlage des Kommunismus wahrgenommen werden?

Vermutlich traf das endgültige «Ja» zum Mauerbau aus Moskau am 6. Juli 1961 in der sowjetischen Botschaft Unter den Linden in Ost-Berlin ein. Schon längst war in der DDR Material produziert und gehortet worden, immens viel Stacheldraht, unzählige Pfähle und anderer Baustoff. Auch die Logistik war angelaufen, denn ein solches waghalsiges Unternehmen konnte nicht von heute auf morgen durchgeführt oder gar improvisiert werden, sondern benötigte Vorlauf und penible Planung. Auf der Tagung der Warschauer Pakt-Staaten vom 3. bis 5. August 1961 wurden die Pläne nur noch zur Kenntnis genommen, beschlossen war bereits alles. Ulbricht setzte Erich Honecker als Stabschef der Aktion ein. Er hatte für den reibungslosen Ablauf ab dem 13. August 1961 zu sorgen, tat dies mit großer Begeisterung und hielt bis an das Ende seines Lebens an der Lüge vom «antifaschistischen Schutzwall» fest.

In den 28 Jahren, zwei Monaten und 27 Tagen ihres Bestehens wandelte sich das Gesicht der Mauer ständig, bevor das Monstrum fiel und die Epoche des Ost-West-Konflikts zu Ende ging. 1963 wurde die Hohlblocksteinmauer durch eine erste Betonmauer mit einer Stärke bis zu einem Meter ersetzt. Ab 1965 kamen Bunker hinzu. Dann wurden auf der nach Westen weisenden Seite der Mauer Kunststoffplatten vorgeblendet. Ab 1974 – mitten in der Zeit der Entspannung – ging die SED daran, die dritte Mauergeneration zu errichten. Die «Grenzmauer 75», so der Fachterminus der DDR, bestand aus vorgefertigten Stahlbetonplatten hoher Dichte mit einem Gewicht von 2,6 Tonnen, die auf einem integrierten Sockel vertikal dicht nebeneinander aufgestellt wurden. Höhe jetzt: 3,60 Meter, Breite 1,20 Meter, Wandstärke 15 Zentimeter, Bekrönung nicht mehr durch hässlichen Stacheldraht, sondern durch ein aufgelegtes Betonrohr. 45 000 dieser Segmente wurden in Berlin verbaut, jedes Teil kostete in der Herstellung 359 Ostmark. Aus dem Material der Befestigungsanlage hätte man eine kleine Stadt bauen können. «Die» Mauer bestand eigentlich aus zwei Mauern. Die eine, eben beschriebene, war die West-Mauer, sie bildete aus Ost-Berliner Sicht den Außenring, während der Innenring durch die Ost-Mauer markiert wurde. Dazwischen lag der bis zu hundert Meter breite Todesstreifen mit elf unterschiedlichen Hinderniszonen. Dazu gehörten: Alarmgitter, Stolperdrähte, die Leuchtkugeln auslösten, einbetonierte Stahlspitzen, Hundelaufanlagen, Panzergräben, Kfz-Fallen, Asphaltstraßen für Patrouillenfahrzeuge. In den 1970er Jahren kamen Selbstschussanlagen hinzu. Die Berliner Kanalisation war zunächst mit Gittern abgesperrt worden, durch die man allerdings durchkriechen konnte. Auch hier gab es «Verbesserungen», und in Grenzgewässern wurden mit Nägel gespickte stählerne Unterwassermatten und Sperrbojen eingelassen. Im Jahr 2000 sollte die «High-Tech-Mauer 2000» die Welt über die ostdeutsche Ingenieurskunst staunen lassen: Geplant waren Infrarotschranken, deren Strahlen beim Durchqueren Scheinwerfer einschalten und Alarm auslösen sollten; Sperren aus extra dünnen Drahtrollen, in denen sich ein Mensch bis zur Bewegungslosigkeit verfangen konnte; in der Erde versenkte Sensoren, die Erschütterungen im Umkreis von 500 Metern registrierten oder Vibrationsmeldungsgeber an Metallgittern im Wasser; Mikrowellenschranken für sieben Meter breite Sicherungslinien und elektronische Übersteigsicherungen für die Steckmetallzäune. Dem Erfindungsreichtum, um Menschen zu verletzen oder zu töten, waren keine Grenzen gesetzt. Bis zum Mauerfall am 9. November 1989 fanden 1245 Menschen, die von Deutschland nach Deutschland wollten, den Tod, davon zwischen 122 und 200 am Monstrum Berliner Mauer. Historiker sind noch immer damit beschäftigt, die genauen Zahlen zu ermitteln.

36. Wieso hatte die Bundesrepublik keine Botschaft in der DDR? Die SED ließ sich nur zögerlich und auf Drängen der Sowjetunion auf die Neue Ostpolitik der Bundesrepublik ein. Eine «Aggression auf Filzlatschen» sahen die ostdeutschen Kommunisten in ihr, wie es der DDR-Außenminister Winzer einmal plastisch ausdrückte und damit eine schleichende Bedrohung von Seiten des Westens meinte. Dass die Regierung Brandt/Scheel die Einheit der deutschen Nation wahren wollte, daran nahm die SED ständig Anstoß. Sie verfolgte nämlich ganz andere Ziele: Rigorose Abgrenzung von der BRD, völkerrechtliche Anerkennung der DDR, eigene DDR-Staatsbürgerschaft und damit eine definitive Zweiteilung der deutschen Nation. Das Credo von Bundeskanzler Willy Brandt, es gebe zwei Staaten, aber nur eine Nation in Deutschland und daher könnten die Beziehungen der beiden deutschen Staaten nur von besonderer Art sein, empfand die SED als existentielle Bedrohung.

Nach langem, zähem Ringen kam es 1972, drei Tage vor Weihnachten, zur Unterzeichnung des «Vertrages über die Grundlagen der Beziehungen zwischen der Bundesrepublik Deutschland und der DDR», kurz «Grundlagenvertrag» genannt. Mit ihm ging eine Epoche der deutschen Nachkriegsgeschichte zu Ende. Da die beiden Vertragspartner wie erwartet ihre verschiedenen Auffassungen über die deutsche Nation nicht ausräumen konnten, wurde diese Uneinigkeit in der Präambel des Vertrages niedergelegt. Alles war, wie immer auf dem Feld der deutsch-deutschen Beziehungen, ziemlich vertrackt: Weder konnte die DDR ihr Konzept der völkerrechtlichen Anerkennung durch die Bundesrepublik durchsetzen, noch gelang es dieser, ein ganz enges Sonderverhältnis auf einer gemeinsamen nationalen Basis zu erreichen. Die beiden Staaten erkannten sich zwar gegenseitig an, nicht jedoch im völkerrechtlichen Sinne. Sie waren füreinander nicht Ausland – diese rote Linie wollte und durfte die Bundesregierung nicht überschreiten. So wurden auch nicht Botschaften, sondern nur «Ständige Vertretungen» in Bonn und Ost-Berlin eingerichtet. Der Grundlagenvertrag bescherte der DDR die lange ersehnte Anerkennungswelle, fast alle Staaten der Welt eröffneten in Ost-Berlin ihre Botschaften, außer der Bundesrepublik Deutschland.

Im Gegenzug zur Anerkennung der Zweistaatlichkeit erleichterte die DDR den Handel sowie allgemein die Zusammenarbeit und den gegenseitigen Austausch, machte vor allem aber in humanitären

Fragen Zugeständnisse, bis hin zu Erleichterungen bei Familienzusammenführungen. Solche Milderungen für die Menschen in Ostdeutschland und solche Regelungen, die die deutsche Nation zusammenhielten, waren der Bundesregierung besonders wichtig. Ein ganzer Katalog von Abkommen konnte in den folgenden Jahren vereinbart werden, bevor sich das deutsch-deutsche Verhältnis wieder abkühlte. Man darf nicht übersehen, dass die Mauer und der Schießbefehl weiter bestanden. Egon Bahr, der bundesdeutsche Architekt der Neuen Ostpolitik, traf den Nagel auf den Kopf, als er auf die Frage nach dem durch den Vertrag erzielten Fortschritt sagte: Früher habe man gar keine Beziehungen zur DDR gehabt, jetzt gebe es immerhin schlechte Beziehungen.

37. Warum fädelte Franz Josef Strauß den Milliardenkredit ein?

Gegensätze ziehen sich an, so lautet ein Sprichwort. Dass es sich auch auf den politischen Bereich anwenden lässt, zeigt sich bei Franz Josef Strauß, dem konservativen bayerischen CSU-Ministerpräsidenten, den viele für die Inkarnation des «Kalten Kriegers» hielten, und dem DDR-Staatsratsvorsitzenden Erich Honecker. Man hat es hier mit zwei «Klassenfeinden» zu tun, die sich ziemlich gut verstanden, wie bei Strauß' Besuch Ende Juli 1983 am Werbellinsee in der Schorfheide sichtbar wurde. Anlässlich dieser privaten Besuchsreise des mächtigen Bayern nach Ostdeutschland sprachen beide über einen sensationellen Milliardenkredit für die marode DDR, den Strauß dann mit dem zwielichtigen Alexander Schalck-Golodkowski aushandelte. Dieser war Chef des «Bereiches Kommerzielle Koordination» (kurz: KoKo), einer DDR-Behörde, die im rechtsfreien Raum internationale Bankgeschäfte tätigen und Konten unterhalten konnte. Mit den Geschäften der KoKo hoffte die SED-Führung, die dramatisch wachsende Auslandsverschuldung reduzieren zu können. Bisher schon hing die DDR am westlichen Tropf: Der zinslose Überziehungskredit im innerdeutschen Handel – der «Swing» – ersparte dem Land jährlich rund 50 Mio. D-Mark an Zinskosten. Seit November 1974 war der Kreditrahmen pro Jahr auf 850 Mio. D-Mark gestiegen. Wegen der daraus resultierenden Abhängigkeit von Bonn war Honeckers Politik im SED-Politbüro sehr umstritten. Nun jedoch brachen alle Dämme: Die Bundesrepublik Deutschland bürgte für den Milliardenkredit – 1984 und 1985 folgten weitere –, den die DDR bei westdeutschen Banken aufnahm und der das Leben und Sterben der ostdeutschen Diktatur um einige Jahre verlängerte. Im Gegenzug rang sich das SED-Regime wie schon bei der Neuen Ostpolitik zu humanitären Zugeständnissen durch, baute Selbstschussanlagen an der innerdeutschen Grenze ab, versprach weitere Reiseerleichterungen und lockerte den Zwangsumtausch. Strauß wurde von deutschnational-konservativen Kreisen, denen er bisher als Vorbild galt, des «Verrats» bezichtigt und sein Verhalten war Anlass dafür, dass sich die rechtsextreme Partei «Die Republikaner» gründete. Er selbst rechtfertigte seinen Entschluss, den Kreditwunsch der DDR zu unterstützen, damit, dass es keinen Sinn habe, die Notsituation in der DDR so zu verschärfen, dass die Belastungen für die Menschen unerträglich würden.

38. Warum ändern die Deutschen immer ihre Nationalfeiertage?

An Nationalfeiertagen soll sich eine Gesellschaft in ihrer politischen Substanz wiedererkennen. Sie sind so etwas wie symbolische Verdichtungen, sie stiften jenseits des politischen Tagesstreits Identität und sind «Erinnerungsorte» für die Menschen. Dies geschieht beispielsweise in Frankreich recht einmütig am 14. Juli – in Erinnerung an den Sturm auf die Bastille 1789 – und in den Vereinigten Staaten am «Independance Day», dem Unabhängigkeitstag am 4. Juli. Und was tun die Deutschen? Deutschland hat seit seiner Einigung 1871 eine Vielzahl von Feiertagen gehabt, die allerdings meist nur kurze Zeit galten, in der Bevölkerung oftmals unbeliebt waren oder unbekannt blieben und zudem einen erbitterten Kampf um konkurrierende «Erinnerungsorte» hervorbrachten. Dass die Deutschen Weltmeister im Auswechseln von Nationalfeiertagen sind, liegt an der beispiellosen Häufigkeit, mit der deutsche Staaten untergingen und an einer entsprechenden jeweils neuen Suche nach «deutscher Identität». Im 20. Jahrhundert sind vier deutsche Staaten vom Erdboden verschwunden: Das Kaiserreich 1918/19, die Weimarer Republik 1933, das «Dritte Reich» 1945 und die DDR 1990; nur die Bundesrepublik hat, wenngleich verändert, seit 1949 bis heute überdauert. Aber auch sie hat ihren Nationalfeiertag geändert. Seit 1990 ist es der 3. Oktober. Er löste den alten Nationalfeiertag, den 17. Juni ab, der seit 1954 an den Volksaufstand von 1953 in der DDR erinnerte. Dass dieser «Tag der deutschen Einheit» just zu dem Zeitpunkt weichen musste, als die deutsche Einheit vollendet wurde, klingt paradox und war sehr umstritten. Es gab durchaus gute Argumente für die Beibehaltung des 17. Juni. Doch seit den 1970er Jahren wusste nur noch ein Minderheit der Bundesdeutschen, warum am schönen Frühsommertag des 17. Juni überhaupt jedes Jahr arbeitsfrei war. Statt diesen Tag zu revitalisieren vollzog die Politik 1990 das, was man in Deutschland bisher nach jedem Umschwung vollzogen hatte: die Auswechslung des Nationalfeiertages.

39. Gab es an der innerdeutschen Grenze einen Schießbefehl? Ja. Den faktischen Schießbefehl für die DDR-Grenzeinheiten, damals 38 000 Mann, beschloss das SED-Politbüro neun Tage nach dem Beginn des Mauerbaus am 13. August 1961. «Schießt nicht auf die eigenen Landsleute!» hatte der Regierende Bürgermeister von Berlin, Willy Brandt, wenige Tage nach dem Mauerbau noch an die DDR-Grenzer appelliert. Walter Ulbricht verfasste daraufhin an jenem 22. August ein Papier, in dem es hieß: «Nach der verleumderischen Rede Brandts (solle) durch Gruppen, Züge oder Kompanien schriftliche Erklärungen gegeben werden, um was es geht, und dass jeder, der die Grenze unserer Deutschen Demokratischen Republik verletzt - auch, wenn erforderlich - durch Anwendung der Waffe zur Ordnung gerufen wird.» Im «Neuen Deutschland» des darauf folgenden Tages fand sich eine Erklärung, in der sich DDR-Grenzeinheiten verpflichteten, «die Einhaltung der Gesetze der DDR zu sichern und, wenn es erforderlich ist, durch Anwendung der Waffe diejenigen zur Ordnung zu rufen, die diese Gesetze der Arbeiter- und Bauern-Macht mit Füßen treten wollen». Auf «Republikflucht» stand im schlimmsten Falle die Todesstrafe. Es kann kein Zweifel daran bestehen: Dieses Kapitalverbrechen - nichts anderes als ein staatlicher Mord - war angeordnet.

Die ersten Todesschüsse an der Mauer fielen am 24. August 1961, Opfer war der 24-jährige Günter Litfin. Der junge Mann war einer von damals rund 90 000 Berlinern, deren Wohnort und Arbeitsplatz durch die Sektorengrenze voneinander getrennt waren. Er wohnte im Osten und arbeitete im Westen, wo er das Schneiderhandwerk erlernte. Kurz vor dem Mauerbau hatte er beschlossen, in den Westen zu ziehen, jetzt machte ihm das SED-Regime einen Strich durch seine Lebensplanung. Da er annahm, dass die Wasserwege noch überwindbar seien, wollte er durch den Humboldthafen schwimmen. Er wurde entdeckt, Warnschüsse hielten ihn nicht vom Versuch ab, in die Freiheit zu gelangen, und 25 Meter vor dem rettenden Westufer traf Litfin ein gezielter Schuss ins Genick. Der Mann versank im schmutzigen Wasser, erst drei Stunden später barg die Ost-Berliner Feuerwehr den Leichnam. Die Todesschützen erhielten Prämien.

40. Wieso wurde Honecker in Bonn mit allen Ehren empfangen?

Am 7. September 1987 wurde SED-Generalsekretär Erich Honecker von Bundeskanzler Helmut Kohl vor dem Bonner Bundeskanzleramt mit allen militärischen Ehren empfangen. Für den «roten Zar» aus der DDR war es der Triumph seines Lebens, handelte es sich doch um eine De-facto-Anerkennung des Honecker-Regimes. Doch das tragische Ende sollte auf den Fuß folgen, denn «sein» Staat war, wie wir heute wissen, bereits dem Untergang geweiht und stand zwei Jahre später unausweichlich am Abgrund. Honecker war das erste Staatsoberhaupt der DDR, das nach Bonn reisen durfte. Er hielt sich fünf Tage in der Bundesrepublik auf und es war deutlich zu erkennen, wie sich der SED-Chef während des Besuches veränderte: Zu Beginn war er steif, wirkte unsicher und verbissen, dann wurde er von Tag zu Tag selbstsicherer und gelöster. Den privaten Höhepunkt stellte der Besuch im Saarland dar, wo die familiären Wurzeln Honeckers lagen.

Die Frage warum dem Diktator ausgerechnet während einer CDU/CSU-geführten Bundesregierung der rote Teppich ausgerollt wurde, ist durchaus berechtigt. In den 1970er Jahren hatte diese Partei die Neue Ostpolitik der sozialliberalen Koalition und den Grundlagenvertrag mit der DDR aufs Schärfste bekämpft und den Sozialdemokraten Verrat am Vaterland vorgeworfen. Warum nun dieses deutsch-deutsche Techtelmechtel, das weiter ging als jemals zuvor? Honecker wäre gern schon früher, Anfang der 1980er Jahre, nach Bonn gekommen, doch Moskau hatte einen Riegel vorgeschoben. Seit dem Einmarsch der Sowjetunion in Afghanistan im Dezember 1979 war der zweite Kalte Krieg ausgebrochen und bald trachteten die USA danach, mit einem «Star-Wars-Programm» das Weltall aufzurüsten. Beide Supermächte versuchten, «ihre» Deutschen an die Kandare zu nehmen, es geschah jedoch etwas Unerwartetes. West- wie Ostdeutsche emanzipierten sich in gewissem Maße von der jeweiligen Vormacht und bemühten sich, von der Entspannungspolitik zu retten, was zu retten war. Eine deutsch-deutsche «Koalition der Vernunft» hat man dies genannt. In der Deutschlandpolitik herrschte große Kontinuität, man könnte auch von Routinemanagement sprechen. Weiterhin sollte am Stabilitätspakt festgehalten und die Zweistaatlichkeit akzeptiert werden. Nur gegen die gröbsten Menschenrechtsverletzungen im Schatten der Mauer protestierte die Bundesregierung noch. Selbst im Sommer 1989, nur wenige Monate vor dem Mauerfall, sagte Kanzler Kohl zu Honecker: «Ich möchte Ihnen noch einmal versichern, dass es das Interesse der Bundesregierung und mein ganz persönliches Interesse bleibt, die Beziehungen in einer vernünftigen Weise weiterzuentwickeln, wie wir es bei Ihrem Besuch vor zwei Jahren besprochen haben.» Kohl ist dafür nicht zu tadeln; auch er verfügte nicht über prophetische Fähigkeiten. Sein Ausspruch verweist lediglich darauf, dass niemand mit der deutschen Wiedervereinigung zu seinen Lebzeiten rechnete. Die Einheit kam unerwartet und unverhofft.

41. Liebte Gorbatschow die Deutschen? Michail Gorbatschow, der 1985 mit 54 Jahren die Führung der Sowjetunion übernahm, war eine Jahrhundertgestalt. Ohne ihn hätte das 20. Jahrhundert anders geendet, und eine deutsche Wiedervereinigung wäre nicht, jedenfalls nicht so schnell und unter solch glücklichen Bedingungen, möglich gewesen. Die Deutschen haben ihm viel zu verdanken. Deshalb erscheint die «Gorbimania» berechtigt, die jedes Mal ausbrach, wenn er Deutschland besuchte. Sein Bild in Russland ist allerdings ein gänzlich anderes, hier gilt er nicht wenigen als Verräter an der Sowjetunion und die von ihm geprägten Begriffe «Glasnost» und «Perestroika» kommen im Arsenal der Schimpfworte vor.

Auch Helmut Kohl und Gorbatschow waren nicht von Beginn an Freunde – ganz im Gegenteil, der Auftakt hätte schlimmer nicht sein können. Kohl verglich den wortgewandten Russen 1986 mit dem NS-Propagandaminister Joseph Goebbels. Der Kremlchef nahm ihm dies lange Zeit übel und strafte Kohl und die Bundesrepublik mit Missachtung. Im gesamten Westen war man von diesem energischen, aber smarten und sympathischen Sowjetführer angetan, von seiner eleganten Frau Raissa nicht weniger. «Herrn Gorbatschows Freundlichkeit und Humor haben, zusammen mit dem Charme seiner Frau, den höchsten Eindruck auf die britische Presse gemacht», schrieb die Londoner «Times» am 17. Dezember 1986. Selbst die «Eiserne Lady», Margaret Thatcher, konnte ihre Bewunderung für den Russen, der ihr offenbar das Wasser reichen konnte, wie sie eingestand, nicht verhehlen und fasste sich in einem Fernsehinterview kurz: «Ich mag ihn. Wir können ins Geschäft kommen.» In der westlichen Presse wurde der freundliche Kommunist als «Wunderkind» betitelt, «Ein roter Stern geht im Osten auf», hieß es hier und da. Für das US-Nachrichtenmagazin «Time» war Michail Gorbatschow der Mann des Jahres 1988, die «Washington Post» glaubte in ihm einen «zweiten Messias» zu erkennen.

Gorbatschow war ein genialer Politiker, aber auch Schauspieler und Überredungskünstler. Sein Buch «Perestroika» wurde binnen eines Jahres über eine halbe Million Mal verkauft. 80 Prozent der Bundesdeutschen hatten eine positive Meinung von ihm, ein Wert, den der US-amerikanische Präsident, Ronald Reagan, der anlässlich seines Berlin-Besuches am 12. Juni 1987 über die Berliner Mauer gerufen hatte: «Mr. Gorbachev, tear down this wall!», bei weitem nicht erreichen konnte. Für die Opposition in der DDR bedeutete Gorbatschow Hoffnung auf längst fällige Veränderungen und eine Liberalisierung des starren Systems. «Gorbi, hilf!» konnte man auf vielen Transparenten lesen, die im Herbst 1989 auf den großen Demonstrationen mitgeführt wurden. Was bei diesen Menschen Zuversicht auslöste, bedeutete für die SED-Führung Besorgnis und Pein. Erich Honecker und sein Politbüro ließen keinen Zweifel daran, dass sie Gorbatschow für einen Feind hielten, den gefährlichsten, den man sich vorstellen konnte, einen Feind im eigenen Lager. Allen war klar: Anders als am 17. Juni 1953 würden dieses Mal keine sowjetischen Panzer die SED-Führung vor einem neuerlichen Aufstand schützen.

Gorbatschow machte die deutsche Wiedervereinigung auch zu seiner eigenen Sache. Für ihn zählten dabei moralische Motive – keine Nation dürfe auf ewig gespalten bleiben –, aber auch politische und strategische Gründe. Um die kranke Sowjetunion zu retten, mussten der Kalte Krieg beendet und ein neues Sicherheitssystem gefunden werden. Viele Deutsche verehrten Gorbatschow, manche liebten ihn. Und er? Liebte er die Deutschen? Dies zu behaupten, wäre übertrieben. Alle sowjetischen Führer hegten eine – zumeist fröstelnde – Bewunderung für die Deutschen. Stalin sagte einmal: «Die Hitler kommen und gehen, das deutsche Volk bleibt.» Was auch blieb, war Argwohn und Misstrauen gegenüber diesem unruhigen Volk in der Mitte Europas. Gorbatschow jedoch war der erste Sowjetführer, der Zutrauen in die demokratischen Fähigkeiten der Deutschen hatte, der ihnen Vertrauen schenkte. Deshalb stieß er kühn und weitsichtig zugleich das Tor zur deutschen Einheit auf.

42. Führte die Währungsunion 1990 zu «blühenden Landschaften»? In seiner mittlerweile berühmten Fernsehansprache vom 1. Juli 1990 sagte Bundeskanzler Helmut Kohl: «Nur die Währungs-, Wirtschafts- und Sozialunion bietet die Chance, ja die Gewähr, dass sich die Lebensbedingungen rasch und durchgreifend bessern. Durch eine gemeinsame Anstrengung wird es uns gelingen, Mecklenburg-Vorpommern und Sachsen-Anhalt, Brandenburg, Sachsen und Thüringen schon bald wieder in blühende Landschaften zu verwandeln ...» Damit war ein in Windeseile geflügeltes Wort in die Welt gesetzt. Kohls bildhafte Ansprache von einer postwendend strahlenden Zukunft, geprägt von Einheit und Gleichheit weckte große Hoffnungen: Würde eine Währungsunion ein zweites Wirtschaftswunder – dieses Mal in Ostdeutschland – entfachen, so wie nach der Währungsreform 1948 im Westen?

Das D-Mark-Angebot war eine der wichtigsten Initiativen auf dem Weg zur deutschen Einheit. Lange blieb jedoch umstritten, wie man das Unterfangen ausgestalten sollte. Die DDR-Wirtschaft war seit vierzig Jahren vom Weltmarkt weitgehend isoliert, ihre Industrie und ihre Infrastruktur waren hoffnungslos veraltet, der Gesamtzustand konnte nur als ruinös und marode bezeichnet werden. Wenn man in der DDR die Deutsche Mark einführte, dann konnte dies nicht als Folge eines marktwirtschaftlichen Erfolges geschehen – diesen gab es nicht –, sondern nur als Grundlage für einen solchen in der Zukunft. Was das Wechselverhältnis zwischen DDR-Mark und D-Mark anlangte, so kursierten verschiedenen Vorstellungen. Realistisch schien vielen ein Wechselkurs von 5:1. Bundesfinanzminister Theo Waigel plädierte für ein Stufenmodell, das ein angeglichenes Preisniveau als Konsequenz haben sollte. Er stieß damit beim größten Teil der Wirtschaftsexperten auf Zustimmung. In eine ähnliche Richtung ging ein Vorschlag von Tyll Necker, dem Präsidenten des Bundesverbandes der deutschen Industrie: Ein Fünf-Stufen-Plan mit anfangs flexiblen, später festen Wechselkursen sollte für eine sanfte Währungsreform sorgen. Aus den Reihen der Liberalen kam die «Österreichlösung». Bei dieser Maßnahme hätte man die DDR-Mark an die D-Mark gekoppelt wie schon einmal mit dem österreichischen Schilling verfahren worden war, und so den Wechselkurs künstlich stabilisiert. Das entscheidende Manko war allerdings, dass die DDR, anders als Österreich, über keine Devisenreserven verfügte. So wäre es alleinige Aufgabe der Bundesbank gewesen, die Ost-Mark zu stützen, was zwangsläufig zu einem Kursrückgang der D-Mark geführt hätte. Oskar Lafontaine, Kanzlerkandidat der SPD, glaubte, über einen besonders guten Plan zu verfügen: er wollte eine langsame Angleichung statt sofortiger Währungsunion. Gleichzeitig schlug er vor, Übersiedlern aus dem Osten den Zugriff auf die Sozialleistungen im Westen zu verwehren. Lafontaine wollte die Ostdeutschen nicht zwingen, in ihrer Heimat auszuharren, wie manche argwöhnten; das konnte er gar nicht. Aber er wollte die Übersiedlung nicht auch noch fördern.

«Kommt die DM bleiben wir, kommt sie nicht, geh'n wir zu ihr» – schnell machte dieser Ruf in der DDR die Runde. Seit der Öffnung der Mauer war die Zahl der DDR-Bürger, die in die Bundesrepublik übersiedelten, dramatisch gestiegen. Allein zwischen dem 9. November und dem 31. Dezember 1989 hatten fast 350 000 Menschen die DDR verlassen. Im Januar 1990 waren es sogar 2000 pro Tag. Die Erwartungen der DDR-Bürger prallten auf die ökonomische Vernunft. «Ohne 1:1 werden wir nicht eins» hieß es bald. Ergebnis der Verhandlungen zwischen dem letzten DDR-Ministerpräsidenten Lothar de Maizière und Hans Tietmeyer, dem Wirtschaftsberater des Bundeskanzlers, war ein Kompromiss: Löhne, Gehälter, Mieten und Sparguthaben (Letzteres gestaffelt nach Alter und bis zu 6000 Mark) wurden im Verhältnis 1:1 umgetauscht, Schulden und weitere Guthaben im Verhältnis von 2:1. Am 18. Mai 1990 wurde der «Staatsvertrag zur Währungs-, Wirtschafts- und Sozialunion» zwischen der BRD und der DDR im Bonner Palais Schaumburg unterzeichnet. Die Währungsunion bedeutete einen radikalen Bruch mit der sozialistischen Vergangenheit, die in den übrigen Transformationsländern keine Parallele fand.

Nun hieß es, große logistische Probleme zu meistern. Mit einer Investition von 60 Millionen D-Mark richtete die Bundesbank 15 neue Zweigstellen mit 250 Beamten und 900 ostdeutschen Angestellten in der DDR ein. Um die großen Bargeldbestände für den Umtausch zu sichern, mussten spezielle Geräte zur Frequenzmodulation importiert werden, was wiederum – aufgrund von Exportbeschränkungen von Technologie in den Ostblock – Sondergenehmigungen erforderte. Trotz vieler weiterer Schwierigkeiten konnte der Umtausch pünktlich am 1. Juli um 0 Uhr beginnen.

Die Folgen der Währungsunion, die einer Schocktherapie gleichkam, waren zwiespältig. Aus Furcht vor einem Wertverlust ihrer Ersparnisse hatten viele Ostdeutsche in den Wochen vor der Umstellung alles gekauft, was sie in die Hände bekamen. Solche Hamsterkäufe führten zu abstrusen Engpässen. Wichtiger aber war: Die Kosten der deutschen Einheit überstiegen die anfangs errechneten Werte um ein Mehrfaches. Außerdem setzten der sofortige Wegfall von Subventionen und die plötzliche Öffnung der Märkte der ostdeutschen Wirtschaft erheblich zu. Die Massenarbeitslosigkeit nahm Ausmaße an, wie man sie seit dem Ende der 1920er Jahre nicht mehr gekannt hatte. Eines der Hauptziele der Währungsunion konnte indessen erreicht werden: Die Übersiedlerzahlen nahmen – zunächst jedenfalls – stark ab.

«Was politisch alternativlos und damit richtig ist, kann nicht ökonomisch falsch sein», so Lothar de Maizière im Rückblick des Jahres 2000. Die Frage nach den Alternativen beschäftigt noch heute einige Wissenschaftler. Die Währungsunion 1990 war beispiellos in der Geschichte, und jede andere, vielleicht «schonendere» Methode hätte ebenfalls Probleme aufgeworfen. Zum Wagnis der Währungsunion gab es wohl keine gute Alternative, zum Versprechen, im Handumdrehen würden «blühende Landschaften» entstehen, allerdings schon.

43. Warum ist die «Ostalgie» gar nicht so witzig? Bei der deutschen Wiedervereinigung 1990 lagen sich die Deutschen in den Armen. Wenige Jahre später lagen sie sich in den Haaren. «Besser-Wessi» und «Jammer-Ossi», «Kolonialstil» und «Undankbarkeit», die Liste deutsch-deutscher Misshelligkeiten ließe sich beliebig verlängern. Auf hochgesteckte Erwartungen folgten tiefe Enttäuschungen. Das Verschwinden der DDR unter dem Motto «Wie im Westen, so auf Erden» führte bei Ostdeutschen auch zu einem Verlust von Heimat, zu einem Gefühl von Wehmut und Nostalgie. Wer könnte dies nicht verstehen? Warum verschwanden die Spreewaldgurken aus den Regalen der Läden und wurden durch westliche Waren, die keineswegs besser waren, ersetzt? Warum tilgte man alles, wodurch sich die ostdeutsche Alltagskultur von der westdeutschen unterschied? Es entstand eine «Ostalgie» – ein Heimweh nach dem Osten, die individuelle Komponenten wie Ostalgie-Partys beinhaltete, aber auch kommerzielle, z. B. den Verkauf von Ostprodukten oder eine Renaissance von DDR-Fernsehshows umfasste.

Retro-Wellen hat es immer gegeben, in der alten wie in der neuen Bundesrepublik. Aber ganz so harmlos wie es auf den ersten Blick erscheint, ist die «Ostalgie» nicht, denn die Erinnerung an die «gute, alte Zeit» taucht die SED-Diktatur in ein mildes Licht – mit fatalen Folgen. So belegen neue Untersuchungen, dass es um das Geschichtsbewusstsein vieler junger Deutscher nicht gut bestellt ist. Vor allem bei ostdeutschen Schülern offenbaren sich fehlendes Sachwissen, haarsträubende Klischeebilder und sozialromantische Traumwelten. Weit verbreitet ist die Vorstellung, die DDR sei ein ärmliches, kleines, irgendwie skurriles und witziges Land gewesen, eine Art «Hobbit-Staat», wohingegen der menschenverachtende Diktaturcharakter, die Toten an der Mauer, die Unterdrückung und die zerstörten Biographien kaum Erwähnung finden, vielmehr der Stasi ein «James-Bond-Image» anhaftet. Verantwortlich dafür, so fanden Wissenschaftler heraus, sind mehrere Dinge: Die unsäglichen Ostalgie-Fernsehshows wie «Ein Kessel DDR», die nach wie vor bestehende Systemverhaftung vieler Elternmilieus, die DDR-freundliche Orientierung vieler Lehrer, die bereits zu DDR-Zeiten unterrichtet hatten, sowie die skandalöse populistische Geschichtspolitik der PDS/Die Linke, die ostdeutsche Minderheitskomplexe und antiwestliche Ressentiments erst schürt, um sie dann politisch genüsslich auszunutzen.

Wie die Deutschen wurden, wie sie sind – Gesellschaft im Wandel

44. Was machten die Nazis nach dem Krieg? Diese Frage ist sehr wichtig, denn man schätzt, dass bei Kriegsende 6,5 Millionen Deutsche Mitglieder der NSDAP waren. Sicher handelte es sich nicht bei allen um fanatische Nazis, aber was die junge bundesdeutsche Demokratie von ihnen zu erwarten hatte, war eine Schlüsselfrage. Von den großen Nazis überlebte politisch keiner in der Bundesrepublik, sie waren im Nürnberger Prozess 1945/46 und in seinen Nachfolgeprozessen abgeurteilt worden. Aber die mittlere Garnitur jener, die den Nationalsozialismus mitgetragen hatten, fand schnell ihren Platz im neuen Staat, was einen Skandal darstellte. Mit der Gründung der Bundesrepublik wurden die Ergebnisse der unter der Ägide der Besatzungsmächte in den Jahren 1945–1949 vorgenommenen Entnazifizierung wieder rückgängig gemacht. In welchem Umfang dabei auf die frühere NS-Beamtenschaft zurückgegriffen wurde, zeigt sich besonders drastisch bei der Bundesverwaltung: Von den zwischen 1950 und 1953 neu ernannten Abteilungsleitern waren über 60 Prozent Mitglieder der NSDAP gewesen.

Alte Netzwerke funktionierten nach wie vor, Schuldeingeständnisse oder auch nur -gefühle traf man selten an, fast immer ging es um Vertuschen. Gegenseitig wusch man sich rein, hing nach wie vor gewissenlos der alten Gedankenwelt an und kämpfte für Amnestie und Straffreiheit. Tatsächlich war die bundesdeutsche Justiz bis zum Beginn der 1960er Jahre und teils weit darüber hinaus auf dem rechten Auge blind. Dass es nicht in stärkerem Ausmaße zu einer befürchteten «Renazifierung» kam, sondern die Unbelehrbaren vor allem im Verborgenen agierten, war den westlichen Alliierten zu verdanken, die das eine um das andere Mal eingriffen und Affären aufdeckten. Die Adenauer-Regierung ging ebenso kaltschnäuzig wie realistisch davon aus, dass man sein Volk nicht austauschen könne und so kam es zu einer schnellen Reintegration der ehemaligen Nationalsozialisten. Dies war moralisch äußerst fragwürdig, erwies sich jedoch funktional als sehr effektiv. Das «Angebot», sich in den neuen demokratischen Staat einzupassen, der dafür wirtschaftliche Erfolge und berufliche Karrieren versprach, war äußerst verlockend. Man könnte zuspitzen und sagen: Die ehemaligen Nazis wurden korrumpiert und dadurch ruhiggestellt. Bis in die 1970er Jahre hinein blieben viele Funktionseliten des «Dritten Reiches» in der mittleren Verwaltung an den Hebeln der Macht; erst danach kam es zu einem Generationenwechsel. Vermutlich ging dies letztlich deshalb «gut», weil sich diejenigen, die sich in den Nationalsozialismus verstrickt hatten oder Täter waren, niemals sicher sein konnten, ob sie entdeckt und vor Gericht gezogen würden. Seit den 1960er Jahren wurde die justitielle Vergangenheitsaufarbeitung in der Bundesrepublik intensiviert. Viele Ehemalige passten sich an, blieben unauffällig, spielten den guten Arbeitskollegen, Freund, Ehemann und Familienvater. Für die Millionen von Opfern der NS-Verbrechen waren dies unerträgliche Zustände. Und dass Konrad Adenauer auch noch Hans Globke zum Staatssekretär im Bundeskanzleramt ernannte und jener diese Schlüsselstellung bis 1963 ausübte, kann nicht gerechtfertigt werden und stellte den neuen Staat vor aller Welt ins Zwielicht. Globke war im «Dritten Reich» Mitkommentator der Nürnberger Rassegesetze gewesen.

45. Wer waren die «Trümmerfrauen» und die «Heimatvertriebenen»? Wohin man 1945 auch blickte – nach Berlin, München, Hamburg, Leipzig: überall Trümmer und Zerstörung. Und wer kennt sie nicht, die Bilder von Frauen, die in langen Reihen vor diesen Ruinen stehen und Ziegelsteine klopfen, putzen und sie sorgfältig auf einen Haufen legen, damit sie für den Aufbau wieder benutzt werden können. Sie beluden Pferdewagen, die sie selbst ziehen mussten, oder schoben mit Schutt beladene Loren. Ihre offizielle Bezeichnung durch die kommunalen Verwaltungen war «Hilfsarbeiterinnen im Baugewerbe», doch alle kannten sie nur unter dem Begriff «Trümmerfrauen». Sie «enttrümmerten» die Städte von den Hinterlassenschaften des Weltkrieges. In der unmittelbaren Nachkriegszeit leisteten die Frauen unter widrigsten Bedingungen Schwerstarbeit, räumten die gigantischen Trümmermassen beiseite, bauten Notunterkünfte und begaben sich aufs Land, um Nahrung zu suchen. Während viele Männer gefallen waren oder sich noch in Kriegsgefangenschaft befanden, organisierten die Frauen das Überleben in den zerstörten Städten und bewältigten das Chaos. Es war die viel zitierte «Stunde der Frauen», doch in den 1950er Jahren, als die Männer wieder zurückkehrten, blieb von diesem aus der Not geborenen Emanzipationsschub erstaunlicherweise wenig übrig. Was Frauen dann leisteten, entzieht sich dem Materiellen, denn die «Trümmer» betrafen nun gebrochene, kriegsversehrte oder sich in der Welt nicht mehr zurechtfindende Männer, zerrüttete Ehen, ruinierte Familien.

Eine weitere Schicksalskategorie in der Nachkriegszeit war der «Flüchtling» oder «Heimatvertriebene». Diese Menschen kamen aus den ehemaligen deutschen Ostgebieten, waren von der Roten Armee als gewaltige Menschenwelle vor sich hergetrieben worden, hatten häufig nicht nur die Heimat und allen Besitz verloren, sondern die schrecklichsten Erfahrungen von Tod und Vergewaltigung machen müssen. Von den 14 Millionen geflüchteten oder vertriebenen Deutschen starben mehr als zwei Millionen auf den Fluchtwegen nach Westen und von den überlebenden zwölf Millionen trafen acht Millionen in Westdeutschland und zunächst vier Millionen in Ostdeutschland ein, bevor viele sich weiter auf den Weg nach Westen machten. Ihre Integration in die bundesdeutsche Gesellschaft verlief keineswegs so glatt, wie man in den 1950er Jahren glauben machen wollte, denn vor allem die psychischen Verletzungen blieben unsichtbar und konnten durch eine noch so ausgedehnte Sozialpolitik kaum gemildert werden. Zudem gab es nicht geringe Vorbehalte der einheimischen Bevölkerung gegen diese «Hitler-Deutschen», wie sie genannt wurden – als hätten sie alleine den Krieg zu verantworten gehabt. Zu den Flüchtlingen und Vertriebenen aus den ehemaligen Ostgebieten kam seit 1949 der Strom der DDR-Flüchtlinge hinzu. Um den Volksaufstand des 17. Juni 1953 herum stiegen die Fluchtzahlen gewaltig an; monatlich verließen etwa 20 000 Menschen den SED-Staat. Es waren vor allem junge Menschen, meist gut ausgebildete männliche Fachkräfte, die der DDR den Rücken kehrten. Die DDR war deshalb damals die weiblichste Gesellschaft nach Weißrussland in ganz Europa. Diese Abstimmung mit den Füßen gefährdete den Bestand des zweiten deutschen Staates – und ließ das Ulbricht-Regime zum Mauerbau schreiten. Im Jahr des Baus der Berliner Mauer, 1961, machten die Flüchtlinge und Vertriebenen aus den Ostgebieten rund zehn Millionen Menschen aus und die Zahl der DDR-Flüchtlinge hatte nahezu 3,5 Millionen Menschen erreicht. So gesehen waren fast ein Viertel der Bundesdeutschen «Neubürger».

46. Gab es die «nivellierte Mittelstandsgesellschaft»? Zu den Begriffen, die Karriere gemacht haben und fast zu Zauberformeln geronnen sind, gehört sicherlich die «nivellierte Mittelstandsgesellschaft», die der Soziologe Helmut Schelsky in den 1950er Jahren in der Bundesrepublik zu erkennen glaubte. Die dahinter stehende These besagte, dass der kollektive Aufstieg der Industriearbeiter sowie der Angestelltenschaft, gefördert durch die ausgedehnte Sozial- und Steuerpolitik, sich mit Abstiegsprozessen bessergestellter bürgerlicher Gruppen im Gefolge von wirtschaftlichen Krisen, Kriegsniederlage, Zerstörung und Vertreibung kreuzte. Dadurch würden Klassengegensätze abgebaut, und es komme zu einer sozialen Nivellierung in einer verhältnismäßig einheitlichen Gesellschaftsschicht, die weder proletarisch noch bürgerlich sei. Diese Nivellierung setze sich in einer Vereinheitlichung der sozialen und kulturellen Verhaltensformen in der Konsum- und Freizeitgesellschaft fort, etwa durch den Besitz eines Autos und anderer langlebiger Konsumgüter oder durch Urlaubsreisen.

Ist dies mehr als eine schöne Sozialutopie? Einer der vehementesten Kritiker Schelskys war Ralf Dahrendorf, ebenfalls Soziologe, jung, aufstrebend und intellektuell brillant. Er meinte, Schelskys These einer Vereinheitlichung der sozialen und kulturellen Verhaltensformen sei nichts weiter als eine «optische Täuschung». Seine Argumente: Nicht jedes Auto gleiche dem anderen, nicht jeder Urlaubsort sei eben ein Urlaubsort und sonst nichts, und der Wunsch nach einem höheren Lebensstandard bedeute für den einfachen Arbeiter in der Industrie etwas anderes als für den Prokuristen einer Bank.

Tatsächlich war die Vermögensverteilung in der Bundesrepublik in den 1950er und 1960er Jahren nach wie vor sehr ungleich und ebenso wiesen Einkommen, Prestige und Bildungschancen ganz erhebliche Unterschiede auf. All dies widersprach der These einer «nivellierten» Gesellschaft. Gegenüber dem Mittelstandsmodell bevorzugte Dahrendorf und bevorzugen auch viele heutige Soziologen das Modell der «Schichtungsgesellschaft». Dieses besagt, dass es Ungleichheit und ein Oben und Unten gebe, dass jedoch die Ungleichheit in der modernen Gesellschaft, anders als in der alten Klassengesellschaft, durch den prinzipiell offenen Weg nach oben über Bildung, Beruf und Leistung individuell überwindbar sei. Eine solche Offenheit kann als ein wichtiger Indikator für eine gelungene Modernisierung verstanden werden.

Die neuere empirische Forschung hat allerdings noch einmal Wasser in diesen Wein geschüttet: Sie erkennt nur einen allmählichen Abbau von Schichtungsbarrieren im Sinne eines langen, bis in die Gegenwart reichenden Trends, und sie beurteilt die Situation in der frühen Bundesrepublik sehr viel skeptischer als Schelsky und auch als Dahrendorf. Der Begriff der «nivellierten Mittelstandsgesellschaft» jedenfalls knüpfte ersichtlich an die Vorstellung von der sozialharmonischen «Volksgemeinschaft» an, die wenige Jahre zuvor noch als Leitbild des Nationalsozialismus fungiert und die Unterschiede und Konflikte einer modernen Gesellschaft geleugnet hatte. Bürgertum und Arbeiterschaft bzw. Angestelltenschaft trennte nach wie vor vieles voneinander.

47. Wer waren die «Halbstarken»? Zu den «Fuffziger Jahren» gehören die Halbstarken dazu wie die Punks zu den 1980ern. Würde man eine Szene mit Dialogen entwerfen, sähe sie etwa so aus: Norbert, mit Elvistolle, Lederjacke und Röhrenjeans, geht auf seine Freunde zu: «Ei, du Halbstarker, hast Du nen Docht?» Erwin zieht ein schmales Päcken aus einer Lederjackentasche: «Nur ne Beamtenzigarette. Die will keiner rauchen.» Ein anderer springt mit seiner Marke ein: «Siehst Du die Kreuze aus Birkenholz. Da ruhen die Raucher von Overstolz.» Zwei Mädchen, eine mit Röhrenhose, die andere mit Petticoat, weichen der Gruppe, die auf zehn Personen angewachsen ist, verängstigt aus. Einer schiebt sein Moped an und springt, als es losknattert, akrobatisch in den Sattel. Dann umkreist er die beiden Mädchen, hämisch grinsend. Die anderen johlen: «Tutti Frutti» und klatschen rhythmisch in die Hände. Dann lassen sie die Mädchen ziehen. «Wetten ich versäg Dich mit meiner Kreidler?» ruft einer einem anderen zu. Die «Kreidler» – ein Statussymbol. Der andere antwortet: «Wart bis Montag. Ich muss meine noch frisieren.» Plötzlich kommt ein anderer um die Ecke: «Drüben hat eine Schlägerei angefangen.» Mit dem Schlachtruf «Haut se, haut se immer auf die Schnauze» ziehen sie los ...

Gegen das Spießertum und die Verlogenheit der Erwachsenen regte sich jugendlicher Protest. Halbstarke, die zumeist aus dem Arbeitermilieu kamen, provozierten die großstädtische Öffentlichkeit mit Krawallen und Massenschlägereien. Zwischen 1956 und 1958 wurden 96 große Krawalle in der Bundesrepublik gezählt. Rock 'n' Roll drückte das neue Lebensgefühl eines offenen Aufruhrs gegen Althergebrachtes aus: Er war laut, hämmernd, trotzig, sinnlich. Rock 'n' Roll war viel mehr als nur Musik, er war eine Weltanschauung. Bei Konzerten des amerikanischen Bürgerschrecks Bill Haley, dessen Programm «Rock Around the Clock» zum Lebensmotto der Halbstarken wurde, zertrümmerten enthemmte Fans regelmäßig das Mobiliar – und das in einer Zeit, in der man noch gewohnt war, bei Konzerten brav auf Stühlen zu sitzen und allenfalls ein wenig zu schunkeln und zu klatschen. Dieser Jugendprotest eroberte auch die Leinwand, ein Film mit Horst Buchholz und Karin Baal in den Hauptrollen hieß «Die Halbstarken». Peter Kraus, die deutsche Antwort auf Elvis, schwamm ebenfalls auf dieser Welle.

Doch die deutschen Leinwandhelden waren nur ein müder Abklatsch. Denn das Idol vieler rebellischer junger Menschen war ohne Zweifel der Amerikaner James Dean mit dem traurig-schönen Blick, der in seinen berühmten Filmen einen melancholischen Quertreiber spielte, der sich gegen Muckertum aufbäumte und dabei oft scheiterte, aber niemals aufgab. Der Film «... denn sie wissen nicht, was sie tun» aus dem Jahr 1955 fing die Zeit in grandioser Art und Weise ein. Und Dean starb, wie es sich für ihn «gehörte»: jung, mit 24 Jahren, bei einem Autounfall. Hinter dem eher ziellosen Jugendprotest der Halbstarken in der Bundesrepublik Deutschland stand im Übrigen nicht unbedingt eine politische Oppositionshaltung, sondern eher das traditionelle Aufbegehren großstädtischer Cliquen gegen die Erwachsenenwelt und ihre «spießigen» Ordnungsregeln. Aber war dies ganz und gar apolitisch, wie die «68er» später behaupten sollten, um für sich das Rebellentum zu reklamieren? Oder war der Krawall gegen den Muff der «Fuffziger» und gegen das «nachtotalitäre Biedermeier», wie es der Schriftsteller Erich Kästner genannt hat, zum Teil nicht auch politisch? Von der zahlenmäßigen Stärke jedenfalls unterschied diese Jugendrenitenz nichts von späteren Revolten der jungen Generation, etwa der 68er-Bewegung.

48. Wie tickten die Deutschen zwischen 1947 und 1955? Es war ein großes Ereignis: Im Juni 1956 wusste man, wie die Nachkriegsdeutschen tickten. Jedenfalls behauptete dies die Demoskopie, die in die Bundesrepublik Einzug gehalten hatte und nun nach acht Jahren Arbeit ein Gruppenbild des Volkes zeichnete. Das «Jahrbuch der öffentlichen Meinung 1947–1955», herausgegeben von Elisabeth Noelle und Peter Neumann, die 1947 das Allensbacher Institut für Demoskopie gegründet hatten, präsentierte auf über 400 Seiten die Antworten auf jene 2176 Fragen, die über 600 Interviewer landauf, landab gestellt hatten.

Während 52 Prozent der Katholiken regelmäßig am Gottesdienst teilnahmen, gingen bei den Protestanten lediglich 13 Prozent regelmäßig und 28 Prozent unregelmäßig in die Kirche. 6 Prozent der befragten CDU- und CSU-Anhänger gaben zu erkennen, dass sie nie den Gottesdienst besuchten. Bürger, die auf Fragen der «Intimsphäre» antworteten, offenbarten für die Zeit recht freizügige Auffassungen. 58 Prozent hielten intime Beziehungen zwischen unverheirateten Menschen für zulässig, 13 sogar für notwendig und nur 16 Prozent für verwerflich. Nennenswerte Unterschiede zwischen Männern und Frauen tauchten nicht auf. Ein Drittel der Bundesbürger hatte nichts dagegen, wenn eine unverheiratete Frau Mutter wird, 41 Prozent deuteten mit einem «Kommt darauf an» Unsicherheit an und nur 18 Prozent verurteilten es.

Dass sich die technische Ausstattung der westdeutschen Familien zunehmend verbesserte, fanden die Interviewer auch heraus. 56 Prozent der Haushalte verfügten über eine Nähmaschine, 39 Prozent über einen Staubsauger, 10 Prozent über einen elektrischen Kühlschrank und 9 über eine elektrische Waschmaschine. Der Fleischgenuss war ein Wohlstandsindikator der «Fresswelle» in den 1950er Jahren: 27 Prozent der Westdeutschen aßen Fleisch fünfmal und öfter, 42 Prozent drei- bis viermal in der Woche und nur 19 Prozent zweimal und ganze 8 Prozent einmal. Die Lieblingsspeise der Deutschen war das Schweinekotelett (54 Prozent).

Die Werte zur Verwurzelung der Demokratie waren noch sehr bedenklich: 32 Prozent der Bundesbürger interessierten sich «überhaupt nicht» und 41 Prozent «nicht besonders» für Politik. Aber auch für «Bildung und Wissen» hatten die Bundesbürger nicht viel übrig. 35 Prozent hatte nicht ein einziges Buch in der Wohnung; dafür stieg die Zahl jener, die einmal oder öfter jeden Monat ins Kino gingen: von 31 Prozent 1950 auf 40 Prozent 1955. Insgesamt interpretierten die Demoskopen die Befunde so: Das Lebensgefühl der Bundesbürger verbesserte sich. Die Umwelt erschien ihnen nicht mehr so feindlich wie noch kurz nach der Währungsreform 1948. Immer mehr Deutsche meinten, es gebe mehr gutwillige als böswillige Menschen. Bis vor kurzem war das Verhältnis noch anders herum gewesen.

Die Antworten zum Geschichtsbild erscheinen uns heute skandalös, sie konnten zeitgenössisch allerdings kaum überraschen: Welches war der größte Staatsmann, der am meisten für Deutschland getan hat, lautete eine Frage. Platz 1: Bismarck (30 Prozent), Platz 2 bereits Adenauer (17 Prozent), Platz 3 immer noch Hitler (7 Prozent). 10 Prozent waren der Ansicht, Hitler sei der größte Staatsmann des 20. Jahrhunderts, 22 Prozent nannten ihn einen «vorzüglichen Staatsführer mit kleinen Fehlern» und 40 Prozent meinten, er habe manches Gute vollbracht. Nur 28 Prozent bezeichneten Hitler als gewissenlosen Politiker.

Über die Größen der Bundesregierung konnten die Befragten Westdeutschen indessen nicht viel sagen. Die meisten Minister waren ihnen unbekannt. 1955 hatten die Allensbacher ihre Interviewer mit der Frage losgeschickt: «Wenn wir eines Tages vor der Wahl stehen, entweder Europa sowjetisch werden zu lassen oder uns mit allen Mitteln gegen die Russen zu verteidigen – was ist denn wichtiger: unsere Lebensform zu verteidigen, auch wenn es dabei zu einem Atomkrieg kommt – oder vor allem den Krieg zu vermeiden, auch wenn man dann unter einer kommunistischen Regierung leben wird?» Fast gleich viel antworteten «Lebensform verteidigen» (38 Prozent) und «Krieg vermeiden» (34 Prozent). Auf die Frage: «Was würden Sie tun, wenn morgen ein Krieg mit Russland ausbrechen würde?», meinten die meisten der befragten jungen Männer, nämlich 46 Prozent, «gar nichts – abwarten ...» Nur 30 Prozent erklärten, sie würden gegen die Russen kämpfen.

49. Warum liebten die Deutschen Ravioli und Toast Hawaii?

Spätestens seitdem Goethe seine «Italienische Reise» verfasst und von dem Land, in dem die Sonne scheint und die Zitronen blühen, geschwärmt hatte, gab es eine deutsche Italiensehnsucht. In den 1950er Jahren erfuhr dieses Sehnen eine Neuauflage. In einem der populärsten Schlager der Zeit sang Caterina Valente «Komm' ein bisschen mit nach Italien, komm' ein bisschen mit ans blaue Meer», Peter Alexander schwärmte von «Mandolinen im Mondschein» und die «Capri-Fischer» von Rudi Schuricke aus dem Jahr 1946 konnte sowieso jeder mitsingen. Capri, Gardasee, Rimini, so hießen die Sehnsuchtsorte der Westdeutschen, und wer es sich noch nicht leisten konnte, mit dem Auto zum versprochenen Glück gen Süden zu fahren und dort dem Camping zu frönen, der holte sich eben ein Stück Italien ins Haus. Die zunehmende Technisierung und Rationalisierung des Haushaltes machte es möglich, dass immer mehr konservierte und fertig komponierte Nahrungsmittel aus der Dose verwendet und ganz einfach zubereitet werden konnten. Das Dosenfertiggericht «Ravioli» war ein typisches Produkt der 1950er Jahre, das damals den Hunger der Deutschen nach italienischem Genuss stillte. Und mit dem «Toast Hawaii» – der Ananas-Scheibe aus der Dose, die man unter den Schmelzkäse legte – glaubten die Bundesdeutschen, den Anschluss an die Küchen der Welt gefunden zu haben. Kartoffeln und vermehrt wieder Fleisch führten ihren Speisplan nach wie vor an, doch entstanden auch neue Konsummuster und Essgewohnheiten durch neuartige Nahrungsmittel wie Reis im Kochbeutel. Der subjektive kleine Wohlstand auf dem Teller, der sich hier dokumentierte, war die eine Seite dieser Medaille – die andere Seite war der kollektive Wunsch der Westdeutschen, wieder zur großen, weiten Welt dazuzugehören, der sich hierin ebenfalls ausdrückte.

50. Gab es mehr Katholiken oder Protestanten? Wenn man nach Faktoren sucht, die die Bundesrepublik stabilisiert haben, so fällt der Blick rasch auf die Konfessionen. Deutschland war seit der Reformation im 16. Jahrhundert das klassische Land der Konfessionsspaltung. Protestanten und Katholiken standen sich häufig auch politisch unversöhnlich gegenüber. Im protestantisch geprägten Deutschen Kaiserreich seit 1871 wurden Katholiken als Rom-hörige «Reichsfeinde» regelrecht gebrandmarkt. Sie galten als Bürger zweiter Klasse und wurden von der Teilhabe an der Macht lange Zeit ausgeschlossen. Der territoriale Zuschnitt des neuen Staates Bundesrepublik jedoch schliff diesen Konflikt radikal ab. Die protestantischen Gebiete Ostdeutschlands fielen weg, der Schwerpunkt verlagerte sich in den eher katholisch geprägten Westen und Süden. Erstmals in der deutschen Geschichte gab es in der Bundesrepublik ein tendenzielles Gleichgewicht der beiden Konfessionen, was stabilisierend und beruhigend wirkte. Mehr noch: Während der ersten vierzig Jahre der Bundesrepublik gaben – von Konrad Adenauer bis Helmut Kohl – vor allem katholische Spitzenpolitiker den Ton an. Die Kehrseite war allerdings, dass der traditionelle politische Katholizismus in Gestalt der Zentrumspartei nicht wieder entstand. Trotz des katholischen Bodengewinns seit 1949 setzte seit den 1960er Jahren eine Erosion des katholischen Milieus ein und der Trend zur Individualisierung und Pluralisierung erfasste auch die Kirche. Die Folge war ein Rückgang des Kirchenbesuchs, vor allem jedoch eine Kirchenaustrittswelle seit Anfang der 1970er Jahre, die 1995 mit über 170 000 Austritten aus der katholischen Kirche ihren Höhepunkt erreichte. Der Protestantismus hatte sich zwar bereitwilliger als die römische Kirche neuen Zeitströmungen geöffnet, litt aber erheblich an dem Verlust seiner ostdeutschen Kerngebiete und wurde von einer noch dramatischeren Säkularisierung gebeutelt – bereits 1970 stieg die Zahl der Austritte auf über 200 000, was an die Substanz ging. Seit 1980 gewannen deshalb die Katholiken in der Bundesrepublik ein leichtes demographisches Übergewicht im Verhältnis von 43,5 Prozent zu 42,8 Prozent. Auch die deutsche Wiedervereinigung 1990 änderte an dieser Relation nichts. Im historischen Kernland des deutschen Protestantismus, in den ostdeutschen Regionen, hatte der vierzig Jahre lang rabiat betriebene Kirchenkampf des atheistischen SED-Regimes Wirkung gezeigt und es war zu einer dramatischen Entkirchlichung gekommen. Hatte der Anteil der Protestanten an der DDR-Gesamtbevölkerung 1964 immerhin noch 60 Prozent betragen, so war er bis 1989 auf 19 Prozent abgesunken. Gegenwärtig herrscht eine Art «Drittelparität» in der Bundesrepublik: Etwas mehr als ein Drittel sind Katholiken, etwas weniger Protestanten und ein Drittel der Deutschen gehören keiner der beiden Kirchen an.

51. Wieso ist die «Spiegel-Affäre» wichtig? Anlässlich des NATO-Herbstmanövers FALLEX 62 veröffentlichte das Nachrichtenmagazin «Der Spiegel» am 8. Oktober 1962 unter der Überschrift «Bedingt abwehrbereit» einen Artikel des stellvertretenden Chefredakteurs Conrad Ahlers, in dem dieser brisantes Material über die mangelhafte Verteidigungsbereitschaft der Bundeswehr präsentierte. Dies führte zur Durchsuchung der Verlagsräume der Spiegel-Redaktionen in Hamburg und Bonn durch die Polizei; Berge von Materialien wurden kassiert und mehrere Personen verhaftet, darunter der Herausgeber des Nachrichtenmagazins, Rudolf Augstein. Der ungeheuerliche Vorwurf, mit dem diese Staatsaktion begründet wurde, lautete: «Landesverrat». Die Anschuldigungen erwiesen sich später als völlig haltlos. Der seit 1956 amtierende Verteidigungsminister Franz Josef Strauß handelte gesetzeswidrig – er ließ Conrad Ahlers in Spanien verhaften, obwohl dies gar nicht in seine Zuständigkeit fiel –, was die FDP-Minister geschlossen zum Rücktritt aus der Regierung veranlasste. Strauß spielte zunächst das Unschuldslamm, belog den Bundestag, verlor jedoch nach einigem Hin und Her sein Amt. Doch nicht wegen Lügen, Rachsucht und anderer Bosheiten sowie menschlicher Schwächen ist die Spiegel-Affäre so wichtig. Sie war die erste große innenpolitische Krise der Bundesrepublik Deutschland und läutete das Ende der Ära Adenauer ein. Ihre enorme öffentliche Resonanz signalisierte einen Wandel im öffentlichen Selbstverständnis der Bundesrepublik. Es entstand nicht nur eine kritische Öffentlichkeit als Vierte Gewalt, sie wurde gegenüber einem obrigkeitsstaatlichen Politikstil auch verteidigt. Gegen die rechtstaatlich zweifelhafte Aktion, die Willkür eines Bundesministers und die krasse Verletzung der Pressefreiheit gingen zahlreiche Bürgerinnen und Bürger auf die Straße und protestierten – das war ein Zeugnis eines wachsenden Selbst- und Demokratiebewusstseins.

52. Wer waren die «68er»? Ernesto Che Guevara, der kubanische Revolutionär, war 1967 in Bolivien erschossen worden. Obwohl er mit seinen 39 Jahren eigentlich schon zu alt war, ist er in Gestalt von Postern und T-Shirt-Aufdrucken in das kollektive Gedächtnis gleichsam als ein Muster-68er eingegangen – ein Jimi Hendrix mit Knarre. Politische Protesthaltung und Revolutionsromantik bündeln sich im Bild des entschlossenen, aber irgendwie auch traurig und seltsam weltentrückt schauenden Kämpfers. Alles vereint sich in dieser Person: die Revolution als Rausch, existentialistisches Pathos, religiöse Überhöhung, Verklärung von Gewalt. Dieser Held des antiautoritären Impulses hatte etwas Saftiges. Viele wollten so sein wie er, kaum jemand vermochte es.

68 war ein globales Ereignis. Die Bewegung war vielgestaltig und sehr heterogen. Die Wurzeln reichen bis zur Entstehung der «Neuen Linken» am Beginn der 60er Jahre zurück, als sich in London, Paris, Rom, besonders aber an amerikanischen Universitäten der Ostküste, dann auch in West-Berlin, dissidente intellektuelle Zirkel im Umfeld der Universitäten bildeten. Kapitalismuskritik und Renaissance eines undogmatischen Marxismus – daraus vor allem zimmerte man sich ein Gedankengebäude. Im Mittelpunkt stand bald der Protest gegen den Vietnamkrieg der Amerikaner, er synchronisierte die Bewegung über die Ländergrenzen hinweg. Guerillakämpfer in der «Dritten Welt» wurden bewundert, aber auch Menschenschlächter wie Mao verehrt. 1968 war das Jahr der Radikalisierung: In Frankreich nahmen die Proteste und Straßenschlachten ein Ausmaß an, das andere Nationen nicht kannten. Es kam sogar in Form eines Generalstreiks zu einer Allianz zwischen Studenten und Arbeiterschaft, die Grande Nation glitt in eine Staatskrise. In den USA wurde Martin Luther

King ermordet, Rassenunruhen brachen aus. Im Osten Europas stürzte die Freiheitsbewegung des «Prager Frühlings» das kommunistische Regime in eine tiefe Krise – die Rote Armee schlug den Aufstand blutig nieder. In der Bundesrepublik kamen neben dem Protest gegen Krieg, Imperialismus und Kapitalismus noch drei spezifisch deutsche Dimensionen hinzu: die Kritik an der Ordinarienuniversität, die sich im Spruch bündelte: «Unter den Talaren – Muff von tausend Jahren», der Protest gegen die Große Koalition zwischen CDU/CSU und SPD und ihre Notstandsgesetzgebung, die «NS-Gesetze» genannt wurden, schließlich der Vorwurf einer mangelhaften Auseinandersetzung mit der nationalsozialistischen Vergangenheit, was sich in dem Diktum von der «Unfähigkeit zu trauern» niederschlug. Feindbild war zudem die «Spießerhölle» der Eltern. Daran zeigte sich, dass die Bewegung nicht von einer sozialen Schicht, sondern von einer bestimmten Altergruppe, der zwischen 20- und 30-Jährigen, getragen wurde; es handelte sich um einen Generationenkonflikt.

Zwei Ereignisse brachten in der Bundesrepublik und West-Berlin den Protest zur Explosion: Am 2. Juni 1967 besuchte der persische Schah, ein grausamer Diktator, West-Berlin; es kam zu Demonstrationen, in deren Verlauf der Student Benno Ohnesorg von einem Polizisten erschossen wurde. In den folgenden Monaten heizte sich die öffentliche Stimmung auf, Protest und Gewalt vereinten sich. Am Gründonnerstag 1968 verübte ein rechtsradikaler junger Mann ein Attentat auf den bekanntesten deutschen Studentenführer, Rudi Dutschke, und verletzte ihn sehr schwer. Folge waren die «Osterunruhen», bürgerkriegsähnliche Auseinandersetzungen in zahlreichen deutschen Städten mit Toten und hunderten von Verletzten. Mit Müh und Not und großem Polizeiaufgebot konnte die Gewalt eingedämmt werden, und dass die Bewegung bald verpuffte, hatte auch mit dem politischen Machtwechsel von 1969 zu tun. Allerdings darf nicht vergessen werden, dass ein kleiner, radikaler Zweig der 68er in den Terrorismus abglitt.

Nirgends traten die 68er als dauerhafte Organisation in Erscheinung, und auf politischem Gebiet sind sie seinerzeit gescheitert – die Integrationskraft der bundesdeutschen Demokratie erwies sich als so groß, dass etwa der damalige Straßenkämpfer Joschka Fischer dreißig Jahre später zeitweilig zum beliebtesten deutschen Politiker und weltweit angesehenen Außenminister aufsteigen konnte. So erfolgreich konnte der 1968 angekündigte «Marsch durch die Institutionen» sein. Auf kulturellem und sozialem Gebiet haben die 68er deutliche Spuren hinterlassen, sie trugen zur Öffnung der Gesellschaft bei. «Individualisierung», «Selbstverwirklichung» und «Autoritätsverfall» sind hierzu Stichworte, die indessen in ihrer Widersprüchlichkeit verdeutlichen, dass das Charakterbild der 68er je nach eigenem Standpunkt zwischen Positivem und Negativem schwankt.

53. Wer sind die «Baby-Boomer»? Generationenbezeichnungen sind so eine Sache. Wir kennen die 45er, die auch die «skeptische Generation» genannt wurde; es handelt sich um die Kohorte, die noch im Nationalsozialismus sozialisiert worden war, ab 1945 jedoch tatkräftig zum Aufbau der Demokratie beitrug. Die 68er sind ein Begriff, ebenso die «Generation Golf» – in Anlehnung an den VW-Golf –, die zwischen 1965 und 1975 Geborenen. Manche sprechen neuerdings von den 89ern, der Wiedervereinigungsgeneration. Zwischen den 68ern und der «Generation Golf» liegen die «Baby-Boomer», jene, die etwa vom Ende der 1950er bis zur Mitte der 1960er Jahre das Licht der Welt erblickten. In diesen Jahren stieg die Geburtenziffer der Bundesrepublik so stark wie nie zuvor, daher rührt die Bezeichnung. Hatte die Geburtenzahl 1950 rund 813 000 betragen, so erreichte sie 1964 mit 1 357 304 ihren Höhepunkt. Dieser Babyboom signalisierte, dass es den Deutschen wieder besser ging. Waren im Nachkriegsjahrzehnt Eheschließungen und Familiengründungen oftmals auf «bessere Zeiten» verschoben worden, so wurden sie jetzt nachgeholt. Das Familienministerium sprach voller Begeisterung von einer «überwältigenden Ehefreudigkeit». Die Baby-Boomer erzeugten einen erheblichen Reformdruck auf die bundesdeutsche Gesellschaft, sichtbar vor allem in der Bildungsexpansion der 60er Jahre. Ob die Baby-Boomer eine begünstigte oder eine benachteiligte Generation waren, ob sie als Folgegeneration der 68er desillusioniert oder als diejenige, die seit Mitte der 1970er Jahre die neuen sozialen Bewegungen mittrugen, doch vielmehr erwartungsfroh waren – darüber streiten sich Soziologen. Aber eines ist klar, überall, wo diese Generation auftauchte, wurde es eng: Aus dem Geburtenberg wurde ein Schülerberg, dann ein Lehrlings- und Studentenberg, schließlich ein Berg von Arbeits- und Wohnungssuchenden. Und in nicht allzu ferner Zukunft werden die Baby-Boomer einen Rentnerberg bilden.

54. Was versteht man unter «Wertewandel»? Welchen Werten, Normen und Einstellungen sind die Deutschen verpflichtet? Unterscheiden sie sich von denen der Franzosen oder Italiener oder Schweden? Wie will man dies herausfinden? Zum Klassiker der Wertewandel-Forschung wurde der kleine Beitrag eines amerikanischen Soziologen, Ronald Inglehart, aus dem Jahr 1971 über die «stille Revolution», wie er den Wertewandel so treffend genannt hat. Der Wertewandel vollzieht sich geräuschlos, doch die Folgen sind gewaltig. Was waren Ingleharts Beobachtungen? Nachdem die wirtschaftliche Blütezeit so lange andauerte, das materielle Grundbedürfnis nach Sicherheit befriedigt war und sich die sozialen Strukturen geändert hatten, sei in den westlichen Demokratien eine ganz auffällige Entwicklung in Gang gekommen: Große Teile der Bevölkerung setzten sich neue Ziele, andere Prioritäten.

Bis in die frühen 1960er Jahre hinein kann man für die Bundesrepublik eine hohe Konstanz im allgemeinen Wertekanon feststellen. Darauf folgte ein beschleunigter Wandel, dem sich wiederum eine ziemlich dauerhafte Bestätigung der so verschobenen Rangordnung anschloss. Vieles floss in den 1960er Jahren zusammen: Eine moderne Massenkultur breitete sich aus, neue, amerikanisch geprägte Kulturmuster, Lebens- und Denkstile überlagerten die traditionell-nationalen, die Erfahrung des Wohlstands bestimmte das Leben der meisten, das Konsum- und Freizeitverhalten orientierte sich am Wirtschaftswunder, die Medienlandschaft, besonders die flächendeckende Verbreitung des Fernsehens erweiterte den individuellen Erfahrungsraum, und auch die gesellschaftlichen Reformdebatten bewirkten auf längere Sicht eine Umorientierung und einen Einstellungswandel.

Anhand von demoskopischen Zeitreihen kann die Forschung belegen, dass es gravierende Wandlungen in Bewusstseinslagen, Normen und Leitbildern gab: «Pflicht- und Akzeptanzwerte», welche die Industriegesellschaft tragen, wie Disziplin, Zuverlässigkeit, Gehorsam sowie Ein- und Unterordnung, wurden zunehmend überlagert von postmateriellen «Selbstentfaltungswerten» wie Emanzipation, Ungebundenheit, Partizipation und Lebensqualität. Das betraf vorwiegend jene Bevölkerungsgruppen, deren Kindheit und Jugend in die Prosperität der Nachkriegszeit gefallen war. «Lebensqualität» und «Humanisierung der Arbeitswelt» stiegen zu massenwirksamen Losungen auf. Auf die Frage «Was ist Ihnen wichtiger in Ihrem Leben:

Arbeit und Betrieb oder Familie und Freizeit?» entschieden sich 1973 67 Prozent der befragten Berufstätigen für Familie und Freizeit, nur 17 Prozent für Arbeit und Betrieb. Jugendstudien verdeutlichen den erheblichen Umbruch in den Erziehungswerten und Erziehungsstilen seit den späten 1960er Jahren. Weiterhin signifikant war ein allgemeiner Anstieg des politischen Interesses, und diese Hinwendung zur Politik verband sich mit dem Wunsch vieler Menschen nach mehr Aktivität und Engagement. Auch schwierig zu fassende Größen wie Lebensstile, Geschmack, Gebräuche und Mentalitäten waren einem Wandel unterworfen; man sieht es am besten in der Werbung. Es wäre ganz verfehlt, solche Veränderungen anzuprangern und die «gute alte Zeit» herbeizusehnen. Wertewandel vollzieht sich niemals geradlinig in eine Richtung, er kann sich schlängeln, abschwenken und die Richtung vollkommen wechseln. Jedenfalls erreicht er niemals einen Endzustand.

55. Gab es wirklich den «Pillenknick» und die «sexuelle Revolution»? Für Frauen war Sex lange Zeit mit der Angst besetzt, ungewollt schwanger zu werden. Als 1961 nach jahrelangem erbitterten Streit auch in der Bundesrepublik die Anti-Baby-Pille zugelassen wurde, schien dieses neue hormonelle Verhütungsmittel ungeahnte Freiheiten für die Frauen zu bieten. Jedenfalls theoretisch. In der Praxis wurden zunächst hohe Hürden errichtet. So verschrieben manche bundesdeutschen Ärzte die Pille nur an verheiratete Frauen, die mindestens schon zwei Kinder hatten. Die von Politik und Kirchen gepredigte Sexualmoral der 1950er Jahre war gewiss verzopft und konservativ, doch man muss auch betonen, dass dieses Klima den vehement verdammten vorehelichen Geschlechtsverkehr gar nicht verhinderte. Schätzungen zufolge pflegten zwischen 80 und 90 Prozent der Bundesdeutschen diese Praxis – und damit weitaus mehr als etwa in England, Frankreich oder den USA. Die ominöse «sexuelle Revolution» wurde also nicht allein durch die medizinische Erfindung der Pille ausgelöst, sondern geht allgemein auf einen Wertewandel zurück und zeigt sich auch in freizügigen und sexuell stimulierenden Bildern der Werbung, also in der Vermarktung der Sexualität im Konsumkapitalismus. Dass in der Werbung für die Seife «Fa» erstmals eine nackte Frau im Fernsehen gezeigt wurde, war eine Sensation. Rasch gesellten sich Softpornofilmchen wie «Schulmädchen-Report» hinzu. Nicht wenige katholisch-konservative Menschen waren entsetzt und hielten, so stand es im «Spiegel» vom August 1970, die sexuelle Revolution für «eine Schlammflut, die alles versaut». Andererseits konnte man auf dem 82. Deutschen Katholikentag in Essen 1968 auch Plakate junger Christen sehen, auf denen stand «Wir reden nicht über die Pille. Wir nehmen sie» – ein Affront gegenüber dem Papst und den Bischöfen. Die Gemengelage war also vielfältig. Die Einführung der Pille ist später für den Rückgang der Geburtenziffern in der Bundesrepublik verantwortlich gemacht worden, man sprach vom «Pillenknick», wohinter wiederum eine Kritik am angeblichen Sittenverfall auftauchte. Dass sich das Verhalten der Deutschen wandelte, hatte indessen andere Gründe: Es lag im Wesentlichen am Strukturwandel der Familie, am berechtigten Wunsch vieler Frauen nach Erwerbstätigkeit, an einer verfehlten Familienpolitik der Regierung und an den nicht existierenden Betreuungsmöglichkeiten für Kinder. So ist es eine boshafte Unterstellung, den Frauen eine Art Verrat an ihrer «eigentlichen Bestimmung» vorzuhalten.

Die sexuelle Revolution verursachte Schwierigkeiten. Bereits Anfang der 1970er Jahre schrieb eine Frankfurter Studentin, die Pille werde zwar laufend als Fahrkarte zur Emanzipation dargestellt; tatsächlich aber heiße es nun, Frauen seien «neurotisch, frustriert oder gar repressiv, wenn sie nicht mit einem schlafen wollen». Oswald Kolle, der selbsternannte «Aufklärer der Nation», sorgte in den 1960er Jahren mit Filmen wie «Dein Mann, das unbekannte Wesen» und «Deine Frau, das unbekannte Wesen» für Furore und wollte damit den Deutschen die sexuelle Lust in die Schlafzimmer bringen. Als er in seinem 80. Lebensjahr 2008 seine Memoiren unter dem Titel «Ich bin so frei» veröffentlichte, bestätigte sich die Erkenntnis der jungen Studentin. Kolle erzählt darin von seiner eigenen Libertinage (während sich seine Ehefrau treu um ihn kümmerte), was unbeabsichtigt auch zur Entmystifizierung der sexuellen Revolution beiträgt, die angeblich die Frauen befreit habe. Für nicht wenige Frauen stand am Ende vielmehr die ernüchternde Einsicht, dass die sexuelle Befreiung hauptsächlich die Bedürfnisse der Männer befriedigte.

56. Warum trugen die GRÜNEN Turnschuhe? Natürlich trugen nicht alle GRÜNEN Turnschuhe, aber ein Bild erregte Aufsehen: Am 12. Dezember 1985 vereidigte ein ziemlich missgelaunter hessischer Ministerpräsident, Holger Börner (SPD), den ersten grünen Umweltminister, Joschka Fischer; dieser stand ihm im Wiesbadener Landtag in weißen Turnschuhen gegenüber, als er die Eidesformel sprach. Immerhin: Die Schuhe waren nagelneu, Fischer hatte sie erst am Vorabend besorgt. Dass die Schuhe vom US-Hersteller Nike stammten, nahmen ihm einige in seiner Partei übel – Antiamerikanismus war damals «in» bei den GRÜNEN, die in US-Präsident Ronald Reagan einen Reaktionär zu erkennen glaubten. 1980 hatten sich die GRÜNEN als Bundespartei gegründet, beanspruchten jedoch, keine Partei im üblichen Sinne zu sein. Ihr Fundament beruhte auf Umweltschutz, Frieden, Bürgerrechten, Basisdemokratie, Rotationsprinzip – und Flügelkämpfen zwischen den kompromisslosen Fundamentalisten («Fundis») und den reformerischen Realisten («Realos»). Fischer zählte zu den Letzteren, und mit dem Turnschuh-Coup gelang es ihm, ein Symbol zu schaffen: Eine Art Reliquie der Aussöhnung zwischen einer mittlerweile tolerant gewordenen Republik und ihrer in weiten Teilen vernünftig gewordenen Protestgeneration. Die GRÜNEN wirbelten vieles auf. Sonnenblumen auf den Parlamentariertischen, strickende Männer in Pullovern statt in Anzügen, dazu Rauschebärte und lange Haare, auf Parteiversammlungen bisweilen auch stillende Frauen – nicht wenige mussten sich an diesen Anblick erst gewöhnen. Der «Turnschuhminister» Fischer jedenfalls schlug ein, er wurde als Ikone der GRÜNEN geliebt und gehasst, auch als er 1998 Außenminister der Bundesrepublik Deutschland wurde und als «Jogger der Nation» wieder Sportschuhe anzog, um beim Lauf zur seelischen und körperlichen Gesundheit vorübergehend 30 Kilo abzunehmen.

1985 rauschte es gewaltig im deutschen Blätterwald. «Staatsakt für einen Rebellen» titelte die Süddeutsche Zeitung, und BILD formulierte anlässlich der Vereidigung «Angst um Hessen». Heute wird Fischer übrigens nur noch selten mit Turnschuhen gesichtet, es sei denn, er joggt wieder einmal im Grunewald. Aber stilbildend war er. Turnschuhe zum Business-Anzug entwickelten sich geradezu zum Mainstream, besonders, wenn dahinter ein Statement aufschien. Sogar Günther Beckstein präsentierte sich im Jahr 2007 bei seiner Ernennung zum Kandidaten für das Amt des bayerischen Ministerpräsidenten in Laufschuhen. Sie waren ein Geschenk seiner CSU-Fraktion – ein Symbol für den bevorstehenden Wahlkampfmarathon.

57. Was sind die neuen sozialen Bewegungen? Nirgendwo auf der Welt wurde und wird so vehement für oder gegen die Atomkraft gestritten wie in der Bundesrepublik Deutschland. Und nirgendwo trieb der Protest gegen Kernkraftwerke in den 1970er Jahren so viele «normale» Menschen aus allen Schichten und Generationen auf die Straße. Weinbauern aus dem Kaiserstuhl zum Beispiel schlossen sich zu Bürgerinitiativen zusammen, um 1975 gegen ein geplantes Kernkraftwerk im badischen Whyl zu demonstrieren – es wurde nie gebaut. Neue soziale Bewegungen – dahinter verbirgt sich ein ganzer Strauß unterschiedlicher Inhalte und Motive, weit über die Anti-Atomkraft-Bewegung hinaus. Es ging um Ökologie, Frauenrechte, Friedens- und Dritte-Welt-Politik, aber auch um einfache Bürgerinitiativen, die ganz lebensnah vor Ort wirkten und etwa über Mülldeponien oder Ortsumgehungen stritten. Neue soziale Bewegungen mobilisierten Menschen, wobei die Organisationsformen sich kaum verfestigten. Im Unterschied zu den «alten» sozialen Bewegungen, insbesondere der Arbeiterbewegung im 19. Jahrhundert, sind sie Erscheinungen einer eher postmateriellen Gesellschaft. Gekämpft wird nicht mehr in erster Linie um eine Verbesserung des materiellen Lebensstandards, sondern um eine Steigerung der Lebensqualität, was auch künftige Generationen mit einschließt.

Natürlich darf man nicht idealisieren, denn kleinere Gruppen innerhalb der neuen sozialen Bewegungen waren gewaltbereit, sie suchten Randale und Schlachten mit der Staatsmacht – in Brokdorf, wo ebenfalls ein Kernkraftwerk gebaut werden sollte und auch wurde, glitten die Demonstrationen in bürgerkriegsähnliche Zustände ab. Jenseits dessen kann man aber sagen: Dass die neuen sozialen Bewegungen gerade in der Bundesrepublik so stark wurden, zeigte, wie sehr Demokratie und bürgerschaftliche Beteiligungsformen Wurzeln geschlagen hatten.

58. Wann tauchten die ersten AIDS-Fälle auf? In New York brach fast eine Massenhysterie aus, und das Nachrichtenmagazin «Der Spiegel» fragte: «Droht eine Pest? Wird AIDS wie ein apokalyptischer Reiter auf schwarzem Ross über die Menschheit kommen? Ist eine moderne Seuche in Sicht, die sich zu Tod, Hunger und Krieg gesellen wird wie einst im Mittelalter? Oder werden nur die homosexuellen Männer daran glauben müssen?» «Lustseuche des 20. Jahrhunderts», «Schwulenkrebs» oder «Strafe Gottes für Homosexuelle» – solche und ähnliche Bezeichnungen waren schnell zur Hand, als im Juli 1981 erstmals amerikanische Ärzte über das Krankheitsbild der meist tödlich verlaufenden Immunschwächekrankheit berichteten. Bis heute sind dieser Krankheit weltweit über 30 Millionen Menschen zum Opfer gefallen. In der Bundesrepublik wurden 1983 die ersten AIDS-Fälle registriert. 1985 erschien die erste Informationsbroschüre der Bundeszentrale für gesundheitliche Aufklärung, die als Postwurfsendung an alle westdeutschen Haushalte geschickt wurde. Zwei Jahre später verabschiedete die Bundesregierung unter Federführung von Gesundheitsministerin Rita Süssmuth ein Sofortprogramm zur Bekämpfung von AIDS, das in erster Linie aus Aufklärung und Beratung bestand. «Gib AIDS keine Chance» – diese Kampagne ist mittlerweile ebenso bekannt wie die ebenfalls von der Bundesregierung finanzierten bis heute etwa 80 Fernseh-Werbespots zur Benutzung von Kondomen. Zum «Klassiker» wurde jener 1990 gedrehte «Supermarktspot» mit den Entertainern Hella von Sinnen und Ingolf Lück («Tina, wat kosten die Kondome?»). Nicht verschwiegen werden darf, dass solche Werbung für geschützten Geschlechtsverkehr vehemente Kritik, besonders der katholischen Kirche hervorrief. Neue Medikamente helfen inzwischen, den Ausbruch der Krankheit hinauszuzögern, aber Heilungschancen bestehen nach wie vor nicht, und so kommt der AIDS-Prävention, deren Finanzmittel die Bundesregierung 2007 noch einmal aufgestockt hat, ein hoher Stellenwert zu.

59. Was hat «Emma» mit der Frauendiskriminierung zu tun?
Bereits 1949 prangerte die französische Philosophin Simone de Beauvoir in ihrem Buch «Das andere Geschlecht» die gesellschaftlichen Verhältnisse an, mit denen Frauen in der Abhängigkeit der Männer gehalten wurden. Dieses Werk, das in unzählige Sprachen übersetzt wurde, machte sie zur «Mutter des modernen Feminismus». Ähnliche Durchschlagskraft auf nationaler Ebene erreichte in der Bundesrepublik die Vorkämpferin der deutschen Frauenemanzipation Alice Schwarzer – die in Paris studiert hatte – mit ihrer Zeitschrift «Emma», die erstmals im Januar 1977 erschien. Über Jahrzehnte hinweg verlieh sie der neuen Frauenbewegung trotz der Kritik von vielen Seiten die nötige Schwungkraft. Im Zuge der Studentenbewegung Ende der 1960er Jahre waren in Berlin, Münster, München, Hamburg und anderen großen Universitätsstädten «Frauen-» und «Weiberräte» gegründet worden, um aus dem Dunstkreis der meist ignoranten

männlichen 68er-Aktivisten herauszutreten. Diese wollten zwar eine Revolution, doch Frauen kamen darin nicht vor. Auslöser für eine bundesweite Mobilisierung von Frauen war schließlich das Abtreibungsverbot, das Anfang der 1970er Jahre gesetzlich neu geregelt werden sollte. Im Frühjahr 1971 leitete Alice Schwarzer eine Unterschriftensammlung ein, die mit einem gesellschaftlichen Tabu brach. «Ich habe abgetrieben» bekannten 374 bekannte Frauen in einer am 6. Juni 1971 im «stern» erschienenen öffentlichen Selbstbezichtigung.

Die Ungleichheit der Geschlechter konnte in der Bundesrepublik zwar verringert, jedoch nicht überwunden werden. Formalrechtlich wurde die Frauendiskriminierung abgebaut – lebenspraktisch besteht sie fort. Im Arbeitsleben blieben Männer privilegiert, und noch 1990 verdienten weibliche Angestellte im Durchschnitt nur 71 Prozent des Bruttoverdienstes von Männern im selben Beruf. Dies macht sich später bei der Rente bemerkbar. Außerdem sind Frauen von einem höheren Arbeitsplatzrisiko bedroht. Und in Führungspositionen hat weiblicher Habitus offenbar nichts zu suchen: In den Chefetagen der 626 umsatzstärksten deutschen Aktiengesellschaften befinden sich gegenwärtig 0,5 Prozent Frauen. In anderen Bereichen, etwa an Universitäten, sieht es besser aus, doch je höher die Stufen der wissenschaftlichen Qualifikation, desto weniger Frauen sind anzutreffen. Eklatant hemmend wirkt sich hier die Dreifachbelastung auf junge Frauen aus: Kindererziehung, Haushaltsführung und Studium bzw. Qualifizierung. Ferner zeichnet sich im politischen Bereich ein widersprüchliches Bild ab: 1970 betrug die Frauenquote in der CSU 10, in der CDU 13,6, in der FDP 15 und in der SPD 17,3 Prozent. Bis 1990 hatte sich einiges getan, die CSU kam nun auf 17, die CDU wie die FDP auf 25, die SPD auf 29 und die GRÜNEN auf 36 Prozent. Im Bundestag und in den Länderparlamenten haben parteiinterne Quotenregelungen zwar zu einem Anstieg der Anzahl weiblicher Abgeordneter geführt, doch insgesamt ist sie auffällig klein geblieben. Wenngleich die Zeitschrift «Emma» immer mehr Leserinnen verlor und mittlerweile vor sich hin dümpelt, so ist das, was in ihrem Titel als Wortspiel aufleuchtet, nämlich «Ema-nzipation» noch längst nicht eingelöst.

60. Leben wir in einer Risiko- oder Erlebnisgesellschaft? Sozialwissenschaftler versuchen stets, die gesellschaftliche Wirklichkeit zu erklären. In den letzten Jahren haben es dabei besonders zwei Modelle zu einer ansehnlichen Popularität gebracht. Mitte der 1980er Jahre prägte der Soziologe Ulrich Beck den Begriff der «Risikogesellschaft» – und beschrieb damit einen Gesellschaftstypus, in dem immer mehr Lebensrisiken alle Menschen betrafen, weil die Grenzen von Klasse, ethnischer Zugehörigkeit und Nation gegenüber vielen Risiken keinen Schutz mehr boten. Die Reaktorkatastrophe im ukrainischen Atomkraftwerk Tschernobyl 1986 wirkte wie ein Beweis dieser Interpretation. Beck dehnte seinen Begriff später global aus und sprach von «Weltrisikogesellschaft». Seine Erklärungskraft ist nicht gering. Bereits die Kubakrise zwischen den USA und der UdSSR 1962 machte deutlich, dass die Menschheit am Abgrund stand und sich in einem Atomkrieg mehrfach vernichten konnte – und der 11. September 2001 zeigte die neue unberechenbare Gefahr des weltweiten Terrorismus. In der zweiten Hälfte des 20. Jahrhunderts entstand jene Konstellation der «Weltrisikogesellschaft» – dies betraf nicht allein die Zerstörungskraft von Krieg und Terror, sondern umfasste viele weitere Probleme, denen sich der Einzelne oft schutzlos gegenübersah, z. B. Umweltkatastrophen und Klimawandel, weltweite Bedrohung durch Massenarbeitslosigkeit, die Globalisierung, neue Krankheiten wie AIDS, Migrationen und Vertreibungen, Bevölkerungsrückgang in einigen Teilen der Welt, Bevölkerungsexplosion in anderen Teilen. Unterschwellige oder offene Angst geriet zum Lebensgefühl und Sicherheit verdrängte nicht selten die Werte von Freiheit und Gleichheit. Das Modell der «Erlebnisgesellschaft», das andere Soziologen vorschlugen, bezog sich auf die seit den 1980er Jahren immer extravagantere Freizeitgestaltung von Menschen mittleren Alters, die gut situiert in Großstädten wohnten und nicht zuletzt dem Einfluss der neuen Medien unterlagen. Doch über gesamtgesellschaftliche Prägekraft verfügt «Erlebnis» mitnichten. Nach wie vor bestehen große Unterschiede und Ungleichheiten in der deutschen Sozialhierarchie. Ein Freizeitpark für alle ist die Bundesrepublik ganz sicher nicht.

«Die Mörder sind unter uns» – Die Deutschen und ihre jüngste Geschichte

61. Kann man NS-Verbrechen wiedergutmachen?

Der Begriff «Wiedergutmachung» ist unglücklich gewählt. Nationalsozialistische Gewaltverbrechen lassen sich genauso wenig «wiedergutmachen» wie die Millionen von Toten wieder zum Leben erweckt werden können. Dennoch hat sich der Begriff eingebürgert. In die Wiedergutmachung für die Opfer des Nationalsozialismus ragte der Kalte Krieg machtvoll herein, weshalb sie vollständig erst nach dessen Ende und nach der deutschen Wiedervereinigung gelöst wurde. Im Londoner Schuldenabkommen vom Februar 1953 war festgelegt worden, dass die Ansprüche ausländischer NS-Verfolgter bis zu einem Friedensvertrag aufgeschoben würden. Allerdings nahm sich die Bundesrepublik im Zuge der Westintegration der «Westverfolgten» an und entschloss sich zu freiwilligen Leistungen: Zwischen 1959 und 1964 wurden mit elf Staaten im Westen, Norden und Süden Europas Abkommen geschlossen und insgesamt 876 Millionen D-Mark zur Wiedergutmachung bereitgestellt. Für den Osten und die «Ostverfolgten» gab es bis zum Jahr 2000 nichts Vergleichbares. Vielmehr war in das 1953 verabschiedete Bundesentschädigungsrecht eine «diplomatische Klausel» aufgenommen worden, die ausschloss, dass Entschädigungsgelder in Staaten flossen, mit denen die Bundesrepublik keine diplomatischen Beziehungen unterhielt. Diese Sperre traf alle im Ostblock lebenden NS-Verfolgten. Eine Ausnahme wurde bei Israel gemacht, zu dem die Bundesrepublik erst 1965 diplomatische Beziehungen aufnahm.

Rund 80 Prozent der Entschädigungsgelder flossen ins Ausland und davon die Hälfte nach Israel. Am 16. Januar und am 12. März 1951 hatte sich die israelische Regierung mit zwei Noten an die vier Besatzungsmächte in Deutschland gewandt, um Ansprüche auf Entschädigungszahlungen geltend zu machen. Erste westdeutsch-israelische Kontakte gab es im April 1951 in Paris, entscheidend für den Fortgang der Verhandlungen war jedoch ein geheimes Treffen zwischen Konrad Adenauer und Nahum Goldmann, dem Präsidenten der 1951 in New York ins Leben gerufenen Conference on Jewish Material Claims against Germany, am 6. Dezember 1951 in London. Adenauer sah in der Wiedergutmachung vor allem eine moralische

Verpflichtung. Im März 1952 begannen die Verhandlungen – weil die Israelis deutschen Boden nicht betreten wollten – im niederländischen Schloss Wassenaar in Den Haag. Ein halbes Jahr später konnte das Luxemburger Abkommen unterzeichnet werden. Die Bundesrepublik stellte 3,45 Milliarden D-Mark zur Verfügung, Israel sollte davon drei Milliarden erhalten, zahlbar in vierzehn Jahresraten; der Rest ging an die jüdische Weltorganisation, die damit besonders die in die USA und nach Großbritannien eingewanderten jüdischen Flüchtlinge unterstützte. Im Deutschen Bundestag sprachen sich von den 400 Abgeordneten lediglich 239 für das Abkommen aus, 35 waren dagegen, 86 enthielten sich und 40 blieben fern. Adenauer, dem aus der eigenen Partei große Widerstände entgegenschlugen, war auf die Stimmen der SPD-Opposition, die als einzige Fraktion geschlossen dafür stimmte, angewiesen. Überhaupt keinen Zuspruch fand das Abkommen in der westdeutschen Bevölkerung, und in Israel, dem Land der Opfer, stießen die Verhandlungen mit dem Land der Täter auf massive Kritik. «Was sollen unsere ermordeten Großeltern pro Stück kosten?» riefen dort aufgebrachte Demonstranten. Den verharmlosenden Begriff «Wiedergutmachung» lehnten die Israelis ab; sie verwendeten die Bezeichnung «Shilumim», die im alten Testament «Zahlung» oder «Vergeltung» bedeutete.

62. Was heißt «Aufarbeitung der Vergangenheit»? Diese Frage ist nahezu klassisch, denn sie wurde bereits 1959 in einem Radiobeitrag des berühmten Frankfurter Philosophen Theodor W. Adorno aufgeworfen. Vor dem Hintergrund eines grassierenden «Gnadenfiebers» gegenüber NS-Tätern und einer verbreiteten «Schlussstrichmentalität» in der Bevölkerung zeichnete Adorno ein überaus düsteres Bild. Er behauptete: «Dass der Faschismus nachlebt, dass die viel zitierte Aufarbeitung der Vergangenheit bis heute nicht gelang und zu ihrem Zerrbild, dem leeren und kalten Vergessen, ausartete, rührt daher, dass die objektiven gesellschaftlichen Voraussetzungen fortbestehen, die den Faschismus zeitigten.» Für Adorno bedeutete deshalb «Aufarbeitung» in erster Linie die «Beseitigung» dieser gesellschaftlichen, politischen und ökonomischen Voraussetzungen. War die «Vergangenheitsbewältigung» in der Bundesrepublik also ein unsägliches Skandalon? Haben die Deutschen damit sogar eine «zweite Schuld» auf sich geladen? Schauen wir genauer hin.

Da Vergangenheitsbewältigung keinen einmaligen Akt darstellt, sondern ein langwieriger Prozess ist, müssen, erstens, zeitliche Phasen unterschieden werden. Zweitens: Das Ziel von Vergangenheitsbewältigung besteht darin, den Bruch mit einer negativen Vergangenheit herbeizuführen und zu verhindern, dass diese sich wiederholt. Um die Aufarbeitung der Vergangenheit zu bewerten, muss sie sich daran messen lassen, ob sie ihre Aufgaben erfüllt hat: eine Beseitigung der verbrecherischen Organisationen des überwundenen Regimes, eine Demokratisierung des politischen Gefüges, eine Bestrafung der Täter, eine Entschädigung der Opfer sowie eine moralisch-intellektuelle Aufarbeitung, um die politische Kultur zu demokratisieren. Dies sind vielfältige Aufgaben, die auf verschiedenen Ebenen und durch verschiedene Akteure stattfinden, die ihrerseits, drittens, auch noch unterschieden werden müssen: die offizielle Ebene der Politik, hier geht es um institutionelle Regelungen und Gesetze; die Ebene der Öffentlichkeit, in der verschiedene gesellschaftliche Gruppen agieren, und die Ebene der politisch-kulturellen Mentalitäten, auf der die Einstellungen, Meinungen und Verhaltensweisen der Menschen zu finden sind.

International betrachtet ist der Holocaust vor allem seit den 1990er Jahren zu einer Katastrophen-Chiffre geworden, und Auschwitz steht als Metapher für das Böse in der Welt schlechthin. Die bundesdeutsche Aufarbeitung der Vergangenheit gilt heute in vielen postdiktatorischen Ländern der Welt als vorbildlich. Sie ist eine Art «Exportschlager» und manche sprechen bereits von einer «DIN-Norm» der Vergangenheitsbewältigung. Freilich war sie das nicht in allen zeitlichen Abschnitten seit 1945. Wir besitzen mittlerweile eine Fülle an Einzelstudien zu unterschiedlichsten Themengebieten, die den widersprüchlichen, aber ereignisreichen politischen, gesellschaftlichen und juristischen Umgang mit der NS-Vergangenheit beschreiben und zwar im deutsch-deutschen Beziehungsgeflecht. Sie untersuchen Stile des Umgangs mit der Schuld im Westen und im Osten, werfen umfassende Blicke auf die Nürnberger Prozesse von 1946, behandeln die umstrittene Wiedergutmachung, die Rehabilitierung des deutschen Widerstands, den skandalösen Antisemitismus, die Auschwitz-Prozesse in den 1960er Jahren, die Verjährungsdebatten des Deutschen Bundestages, die öffentliche Memorialkultur, Fortschritte in der Wissenschaft und vieles mehr. All diese Bereiche verhielten sich zueinander wie kommunizierende Röhren – und erst alles zusammen bedeutet «Aufarbeitung der Vergangenheit». Verdrängen, Verschweigen und Verleugnen gehörte zur deutschen Vergangenheitsbewältigung lange Zeit dazu, hier muss man Adorno zustimmen, doch nach 60 Jahren kann heute mit vollem Recht behauptet werden, dass es kein anderes Land auf der Erde gibt, das sich so radikal mit Natur und Ausmaß der Verbrechen in der eigenen Geschichte beschäftigt und sich um Wiedergutmachung bemüht hat wie die Bundesrepublik Deutschland.

63. Seit wann gibt es KZ-Gedenkstätten? Die DDR war nahezu flächendeckend mit Denkmälern und Erinnerungstafeln übersät – zum antifaschistischen Widerstand, zu sozialistischen Vorbildern und zur Entwicklung der DDR. Seit 1955 wurden dort durch ein eigens dafür geschaffenes Kuratorium nationale Mahn- und Gedenkstätten eingerichtet. Das ehemalige Konzentrationslager Buchenwald machte die SED mit enormem Aufwand und mithilfe einer monumentalen Gedenkstätten-Architektur zum Gedächtnisort des heroischen kommunistischen Widerstands gegen das «Dritte Reich», erkor es zum «roten Olymp», das jeder DDR-Bürger gesehen und verinnerlicht haben musste.

Mit Ausnahme der KZ-Gedenkstätte Dachau, die 1965 eröffnet wurde, begann man in der Bundesrepublik hingegen erst seit Anfang der 1980er Jahre mit der Errichtung von Gedenkstätten, dann aber in rascher Folge. Die archäologischen Ruinen ehemaliger KZ-Lager bilden seit dieser Zeit den Kern vieler Gedenkstätten. Da in Deutschland anders als in Polen die Konzentrationslager keine Vernichtungslager waren, dokumentieren die KZ-Gedenkstätten vor allem die Funktion der Straf- und Arbeitslager als Orte des Schreckens und des menschlichen Leids. Obwohl Deutschland eine Erinnerungslandschaft par excellence darstellte, gab es in den beiden Jahrzehnten zuvor nur wenig Interesse an den Hinterlassenschaften des «Dritten Reiches». Orte und Gebäude des Nationalsozialismus wurden entweder umgewidmet, abgerissen oder verfielen ungehindert. Die Folge war, dass der Nationalsozialismus und seine Verbrechen aus dem Gedächtnis schwanden, weil die Taten «entortet» waren und das Gedenken keine «Ankerplätze» hatte. Anstöße, der Erinnerung mit Denkmälern und Gedenkstätten aufzuhelfen, kamen häufig zuerst von privater Seite oder aus den Reihen von Häftlingsgemeinschaften, so auch in Dachau, später insbesondere von zahlreichen Geschichtswerkstätten. Heute existieren rund 180 Gedenkstätten in ehemaligen

Konzentrationslagern, Zuchthäusern und Synagogen. Sie sind ständig geöffnet und miteinander vernetzt, sie bieten pädagogische Programme und informieren regelmäßig mit Publikationen und Internetforen.

64. Bis wann wurde der 20. Juli 1944 als Landesverrat gebrandmarkt? Als die bittere Gewissheit herrschte, dass die Bombe, die Claus Schenk Graf von Stauffenberg in der Wolfsschanze platziert hatte, Hitler nicht getötet, sondern nur leicht verletzt hatte, sagte der an dem Attentat vom 20. Juli 1944 beteiligte Widerstandskämpfer Generalmajor Hennig von Tresckow: «Jetzt wird die ganze Welt über uns herfallen und uns beschimpfen.» Dass dies viel zu lange tatsächlich zutraf, gehört zu den Schattenseiten der Bundesrepublik. Aber auch die westlichen Alliierten hatten in der unmittelbaren Nachkriegszeit kein großes Interesse daran, den deutschen Widerstand zu würdigen. In ihren Augen kam der Anschlag viel zu spät. Zu lange hatten die Militärs Hitler fast bedingungslos unterstützt. War der 20. Juli 1944 nicht nur eine Panikreaktion opportunistischer Offiziere angesichts der drohenden Niederlage des «Dritten Reiches»? Es bedurfte zahlreicher Forschungsleistungen, um die Existenz eines «anderen» Deutschland anzuerkennen und den «Aufstand des Gewissens» als verpflichtendes Erbe für den freiheitlichen Rechtsstaat anzunehmen. Dies galt im Übrigen nicht allein für die Männer und Frauen des 20. Juli 1944, sondern für den deutschen Widerstand gegen die NS-Diktatur im Allgemeinen. Rechtsextreme Kreise beschimpften in den 1950er Jahren Widerstandskämpfer öffentlich als Landesverräter. Im Oktober 1951 erklärte das Bundeskabinett daraufhin, es sei die «Pflicht» der Demokraten, das Andenken der Widerstandskämpfer vor Verunglimpfung zu schützen. Zehn Jahre nach dem Anschlag von 1944 sprach Bundespräsident Theodor Heuss bei einer öffentlichen Erinnerungsfeier in Berlin über Fragen des Widerstandsrechts und drückte den Dank der Nation für dieses positive Erbe aus. Allerdings war es mit diesem «Dank» in der Öffentlichkeit nicht weit her: Einer Umfrage von 1963 zufolge hielt immer noch ein Viertel der Deutschen die Attentäter des 20. Juli für Landesverräter, nur die Hälfte gestand ihnen patriotische Gesinnung zu. Erst 1980 einigten sich die Kultusminister der Bundesländer auf eine «Empfehlung zur Behandlung des Widerstandes in der NS-Zeit im Unterricht». Und wenn man sieht, wie umstritten es bis in unsere

Tage hinein ist, Schulen, Universitäten oder gar Bundeswehr-Einrichtungen und Kriegsschiffe nach Widerstandskämpfern zu benennen – dann kann man ermessen, wie schwer sich Deutschland mit dem viel beschworenen «Vermächtnis» des Widerstands gegen die NS-Diktatur immer noch tut.

65. Was wurde in den Verjährungsdebatten debattiert? Große Anstrengungen waren nötig, den NS-Tätern auf die Spur zu kommen. Noch schwieriger war es, sie vor Gericht zu ziehen. Dass sie dann auch noch einer gerechten Strafe zugeführt wurden, blieb fast die Ausnahme. 1958 gründeten die Justizminister der Bundesländer in Ludwigsburg die «Zentrale Stelle zur Aufklärung nationalsozialistischer Verbrechen». Nach einigen vorangegangenen Justizskandalen stellte dies einen Wendepunkt in der bundesdeutschen Strafverfolgung dar und die Ermittlungsverfahren wurden zahlreicher. Seit dem Beginn der 1960er Jahre wurden jedoch nur noch Mord und Beihilfe zum Mord geahndet; Totschlag war seit 1960 verjährt. 1965 musste der Deutsche Bundestag darüber entscheiden, ob die Täter des «Dritten Reiches» bei ihrer Entdeckung künftig in den Genuss der Verjährung kommen sollten oder nicht. Nach damals geltendem Recht betrug die Verjährungsfrist für Mord und Beihilfe zum Mord 20 Jahre. Konnte die Bundesrepublik es zulassen, dass NS-Verbrecher für die Justiz nicht mehr erreichbar waren? Durfte sie es zulassen? Politische, juristische und moralische Fragen überlagerten sich. Die Stimmung war zudem aufgeheizt durch Propagandakampagnen der DDR gegen bundesdeutsche Politiker. Der Bundesminister für Vertriebene, Flüchtlinge und Kriegsgeschädigte, Theodor Oberländer, einst überzeugter Nationalsozialist, war dort 1960 in Abwesenheit zu lebenslanger Zuchthausstrafe verurteilt worden; dem Staatssekretär im Bundeskanzleramt, Hans Globke, widerfuhr Gleiches 1963. Anschließend verstärkte sich auch die ostdeutsche Rufmordkampagne gegen Bundespräsident Heinrich Lübke. Im September 1964 beschloss die Volkskammer die «Nichtverjährung von Kriegsverbrechen», und Anfang Juni 1965 erschien in der DDR ein neues «Braun-Buch» über angeblich politisch belastete Persönlichkeiten in der Bundesrepublik.

Angesichts eines solchen Klimas waren die Bundestagsdebatten, die 1965 mit einer Verlängerung der Verjährungsfrist für Mord um vier Jahre endeten – da die Strafverfolgung von 1945 bis 1949 behindert gewesen sei –, parlamentarische Sternstunden. Insbesondere

Ernst Benda von der CDU und Adolf Arndt von der SPD stachen mit brillanten Beiträgen hervor. Der Rechtsstaat von heute müsse auch die Gerechtigkeit anstreben, so Benda, und das Rechtsgefühl eines Volkes würde in unerträglicher Weise korrumpiert werden, «wenn Morde ungesühnt bleiben müssten, obwohl sie gesühnt werden könnten». Gegenüber Einwänden, die «Ehre der Nation» erfordere es, endlich einen Schlussstrich unter die Vergangenheit zu ziehen, konterte Benda: «Es gehört für mich zum Begriff der Ehre der Nation, zu sagen, dass dieses deutsche Volk doch kein Volk von Mördern ist und (...) von diesen Mördern befreit wird.» Die ernsthaft geführten Debatten strahlten weit in die Öffentlichkeit aus und beförderten so die Kenntnisse über die NS-Verbrechen. Noch ein weiteres Mal, 1969, wurde die Verjährung von Mord vom Gesetzgeber aufgeschoben; 1979 schließlich wurde sie aufgehoben. Somit konnten nationalsozialistische Gewaltverbrechen auch weiterhin verfolgt werden.

66. Worum stritt man sich im «Historikerstreit»? Dass Zeitgeschichte oftmals «Streitgeschichte» ist, lässt sich nirgends besser dokumentieren als am «Historikerstreit» von 1986. Man muss ihn freilich in Anführungszeichen setzen, weil er gar keine fachliche Kontroverse unter Historikern war, sondern eine öffentliche, in Wochen- und Tageszeitungen ausgetragene polemische Auseinandersetzung unter Intellektuellen, bei der mit Geschichte Politik betrieben wurde. Worum ging es also?

Es empfiehlt sich, mit dem 40. Jahrestag des Kriegsendes von 1945 zu beginnen. Bundeskanzler Helmut Kohl bemühte sich 1985 nach Kräften, die Bundesrepublik als «normale Nation» mit einem «normalen» Geschichtsbewusstsein zu präsentieren. Dazu gehörte, dass er sich mit US-Präsident Ronald Reagan auf dem Soldatenfriedhof in Bitburg traf, auf dem auch Angehörige der Waffen-SS begraben lagen, was der Präsident nicht wusste und ihn in eine schwere innenpolitische Krise stürzte. Zahlreiche linksliberale Intellektuelle erzürnte diese symbolische Geste, und Jürgen Habermas, der einflussreichste Philosoph der Bundesrepublik, vermutete hinter dem Händedruck der Regierungschefs eine «Entsorgung der NS-Vergangenheit». Beschworen werde vielmehr eine deutsch-amerikanische antikommunistische Waffenbrüderschaft. Der Konflikt schwelte weiter und eskalierte ein Jahr später, als im Juni 1986 der Berliner Historiker Ernst Nolte einen Beitrag in der Frankfurter Allgemeinen Zeitung unter dem Titel «Vergangenheit, die nicht vergehen will» veröffentlichte. Darin forderte er einen Vergleich zwischen der NS-Diktatur und der Sowjetdiktatur, bestritt die Singularität des Holocaust und stellte die rhetorische Frage: «War nicht der ‹Archipel GULAG› ursprünglicher als Auschwitz?» Damit war die Lawine losgetreten. Zunächst reagierte wieder Habermas und warf Nolte und konservativen Historikern «apologetische Tendenzen» vor. Der Ton verschärfte sich von einem Zeitungsartikel zum nächsten. Die Konfliktlinie verlief zwischen sozial- und christdemokratischen Intellektuellen. Auf der Seite Ersterer fanden sich neben Habermas: Martin Broszat, Eberhard Jäckel, Jürgen Kocka, Hans-Ulrich Wehler und Heinrich August Winkler. Auf der Gegenseite neben Nolte: Klaus Hildebrand, Andreas Hillgruber, Michael Stürmer, Joachim Fest und Horst Möller. Hinter der Frage über die Zulässigkeit eines Diktaturvergleichs und über die Einzigartigkeit des NS-Völkermords tauchte schnell der eigentliche Kern des Streits auf: Es ging grundsätzlich um die historisch-kulturellen Fundamente der Bundesrepublik. Die konservative Seite argumentierte, dass eine «selbstquälerische Schuldbesessenheit» zu einer «verletzten Nation» geführt habe und schob dies einer sozialliberalen NS-Vergangenheitsbewältigung in die Schuhe. Sie forderten ein positives nationales Geschichtsbild. Dagegen konterten die Linksliberalen: Die kritische Vergangenheitsbewältigung in der Bundesrepublik sei ein hohes Gut, denn sie zeuge von einem aufgeklärten Geschichtsbewusstsein, welches wiederum die geistige Westbindung der endlich demokratisch gewordenen Deutschen dokumentiere. Wie lautete das Ergebnis? Lange Zeit flackerten Nachhutgefechte auf; sie können sich mit all den dazugehörenden Verdächtigungen auch heute noch jederzeit fortsetzen. Aber zweierlei hat der «Historikerstreit» bewirkt: Erstens ist der Holocaust in das Zentrum der wissenschaftlichen wie öffentlichen Auseinandersetzung mit der NS-Zeit geraten, und zweitens wurde die Erinnerung an den Nationalsozialismus für die Bundesrepublik eine Art Imperativ. Darin liegt ein erheblicher Vorteil, aus dem positive Identität geschöpft werden kann, denn Geschichte soll uns ja nicht nur zeigen, was wir sind, sie soll uns auch zeigen, was wir *nicht mehr* sind!

67. Ist der 8. Mai 1945 ein Tag der Befreiung? In seiner berühmten und weltweit beachteten Rede zum 40. Jahrestag des 8. Mai 1945 erinnerte Bundespräsident Richard von Weizsäcker an das Leiden der Deutschen 1945, um dann fortzufahren: «Und dennoch wurde von Tag zu Tag klarer, was es für uns heute alle gemeinsam zu sagen gilt: Der 8. Mai war ein Tag der Befreiung. Er hat uns alle befreit von dem menschenverachtenden System der nationalsozialistischen Gewaltherrschaft.» Eine Allensbach-Umfrage zehn Jahre später, 1995, die Personen betraf, welche vor 1933 geboren wurden, scheint dies zu bestätigen: Nur 17 Prozent gaben an, ihre Empfindungen 1945 hätten einem «Gefühl der Niederlage» entsprochen; doch 67 Prozent wollten sich an ein «Gefühl der Befreiung» erinnern. Dies ist bemerkenswert, denn es deckt sich überhaupt nicht mit den Werten von 1945. Damals fühlten sich die meisten Deutschen besiegt, aber nicht befreit. Und auch 1955 schrieb die Frankfurter Allgemeine Zeitung, der 8. Mai sei ein «düsterer Tag der tiefsten Erniedrigung» für die Deutschen gewesen.

Als die sozialliberale Bundesregierung am 8. Mai 1970 erstmals offiziell im Deutschen Bundestag des Kriegsendes gedachte, protestierte die CDU/CSU energisch gegen eine solche «Kapitulations-Würdigung»; nationale Niederlagen könne man nicht feiern. Während fortan, vereinfacht gesprochen, die Linksliberalen dachten, die NS-Vergangenheit durch ständige Auseinandersetzung mit ihr «besiegt» zu haben, sahen deren konservative Kritiker die Bundesrepublik seit den siebziger Jahren im Zustand einer «Dauerbüßerin». Dadurch werde einem notwendigen Patriotismus – gründend auf einer positiven Beziehung zur eigenen Vergangenheit – ständig das Wasser abgegraben. Nach dem Regierungswechsel von 1982 wollte die neue, von Helmut Kohl geführte Regierung die Bundesrepublik folgerichtig in den Stand eines «normalen» Staates heben. Dies verdeutlichte insbesondere die Inszenierung auf dem Soldatenfriedhof von Bitburg. Mit ihr sollte Westdeutschland rückwirkend in den Kreis der Westalliierten aufsteigen.

Immer stand die Erinnerung an den 8. Mai im Spannungsverhältnis zwischen Tätern und Opfern. In den ersten Jahren nach 1945 ging es den meisten Deutschen um die Abwehr eines Traumas: jenes der Kollektivschuld. Verschiedene Entlastungsmechanismen bildeten sich aus, so in erster Linie das Schweigen, aber auch die klare Trennung von NS-Regime und deutschem Volk: Das Regime bzw. einzelne Personen seien die Täter, das Volk sei das Opfer gewesen. An die Stelle der Kollektivschuld trat die Kollektivunschuld. Es war ein langer und steiniger Weg bis zur Rede des Bundespräsidenten Richard von Weizsäcker.

Seit den 1990er Jahren jedoch ist die mediale Präsenz des Nationalsozialismus und des 8. Mai so stark wie nie zuvor. Untergang und Befreiung, Abrechnung und Vertreibung - gesellschaftlich attraktiv geworden ist die Moral in der Geschichte; hier stößt der Historiker an seine Grenzen und der Politiker auf sein ureigenstes Terrain. Die meisten Deutschen haben sich daran gewöhnt, den paradoxen Zusammenhang von Niederlage und Befreiung zu betonen. Aber Vorsicht: Befreit wird, wer vordem gegen seinen Willen, den er nach Möglichkeit durch aktiven oder wenigstens passiven Widerstand unter Beweis stellt, zu etwas gezwungen wurde. Täter hingegen werden nicht befreit, sondern gefasst oder - zwischen Staaten - besiegt. Wer von Befreiung spricht, erklärt alle Befreiten zu Opfern. In ihrem eigenen Verständnis haben die Alliierten 1945 die Deutschen nicht befreit, sondern als «Feindstaat» besiegt. Und die Deutschen haben bis zum bitteren Ende verbissen gekämpft und mussten bedingungslos kapitulieren; sie haben im Mai 1945 nicht vor Freude auf der Straße getanzt. Heute ist das anders.

68. Was macht die Gauck-Birthler-Behörde? BStU - das ist die Behörde der «Bundesbeauftragten für die Unterlagen des Staatssicherheitsdienstes der ehemaligen Deutschen Demokratischen Republik», seit dem Jahr 2000 geleitet von Marianne Birthler; ihr Vorgänger war Joachim Gauck. Diese Behörde wurde mit der deutschen Einheit am 3. Oktober 1990 gegründet, ist weltweit einmalig und bildet durch ihre moralische Autorität sowie ihr rechtsstaatliches Ansehen das Herzstück der historischen, politischen, juristischen und gesellschaftlichen Aufarbeitung der SED-Diktatur. Während der chaotischen Endphase der DDR fürchteten zahlreiche DDR-Bürger, dass die Mitarbeiter der Stasi die umfangreichen Unterlagen - Akten, Filme, Tondokumente, Mikrofiches - vernichten würden, und stürmten am 15. Januar 1990 ihren Sitz in der Normannenstraße in Berlin. Sie übernahmen die Akten, die rund 180 Kilometer umfassten, bevor sie anschließend gesichert wurden. Mit dem Stasi-Unterlagen-Gesetz von 1991 schuf der Bundestag den rechtlichen Rahmen für die Behörde. Drei Aufgaben hat die BStU, die neben ihrem Berliner Hauptsitz über 14 Außenstellen verfügt und annähernd 2500 Mitarbeiter beschäftigt. Erstens die individuelle Akteneinsicht: Die Opfer der Staatssicherheit sollen zu ihrem Recht kommen, indem sie die Herrschaft über ihre Biographien zurückerhalten. Zweitens die Überprüfung von Personen in herausgehobenen Funktionen und Ämtern, auch «Gaucken» genannt. Damit soll gewährleistet werden, dass ehemalige Stasi-Mitarbeiter nicht in öffentliche Positionen gelangen. Ein dritter gesetzlicher Auftrag erhielt daneben immer größeres Gewicht, nämlich die wissenschaftliche Untersuchung und öffentliche Darstellung des Ministeriums für Staatssicherheit, jenes Kraken, der seine Fänge flächendeckend über die DDR hielt, Menschen vernichtete, unterdrückte und um ihre Lebenschancen brachte. Wie lange die Behörde fortbestehen und was mit den Akten geschehen soll, ist umstritten. Wäre es nicht besser, sie der allgemeinen Archivgesetzgebung zu unterstellen? Alle Debatten um die Zukunft der Behörde und der Akten zeigen: Nichts hält die Erinnerung gründlicher wach als der Versuch, einen Schlussstrich zu ziehen.

69. Welches sind die wichtigsten historischen Museen? Vielleicht müsste man die Frage zunächst anders stellen: Seit wann gibt es überhaupt große historische Museen in der Bundesrepublik? In nahezu allen westlichen Gesellschaften lässt sich seit dem Ende der 1970er Jahre eine Konjunktur der Geschichte und der Erinnerung feststellen, besonders aber in Deutschland – und zwar in West und Ost. Überall kam es zu einer glanzvollen Inszenierung der Kultur, zu einer Art «Selbst-Archäologisierung» unter der Frage «Wer sind wir und woher kommen wir?». Geschichte erregte Masseninteresse, eine regelrechte Erinnerungsmanie breitete sich aus, auch sichtbar in historisierenden Kinofilmen oder in der Werbung. Die Faszination beruhte dabei nicht selten auf den Fluchtmöglichkeiten, die die Geschichte angesichts einer schwieriger gewordenen, unwirtlichen und unübersichtlichen Gegenwart bot. Man suchte Halt in der Vergangenheit. Dies ließ sich zuerst an Ausstellungsbesuchen ablesen: Zählte man zwischen 1960 und 1965 in der Bundesrepublik und der DDR etwa 70 historische Ausstellungen, so waren es im Zeitraum zwischen 1975 und 1980 bereits 600 und in der folgenden Fünfjahresspanne zwischen 1980 und 1985 fast 1400. Anlass für diese «Schaufenster in die Vergangenheit» waren die damaligen großen Jubiläen: «Die Zeit der Staufer», «Wittelsbach und Bayern» und «Preußen – Versuch einer Bilanz» erwiesen sich als Publikumsmagneten.

Dieses Geschichtsfieber ergriff bald auch staatliche Stellen, die über Museen nachdachten, um nationale oder regionale Identität zu stiften. Das «Germanische Nationalmuseum» in Nürnberg existierte seit der Mitte des 19. Jahrhunderts, wurde im Zweiten Weltkrieg schwer zerstört, doch bereits in den 1950er Jahren wieder eröffnet. Es blieb jedoch lange Zeit eine Art Solitär. Das «Haus der Geschichte der Bundesrepublik Deutschland» in Bonn, sicherlich das wichtigste historische Museum der Bundesrepublik, wurde erst in den 1980er Jahren gegründet. Auch zahlreiche landesgeschichtliche historische Museen gehen auf diese Zeit zurück, manche sind mittlerweile sehr erfolgreich, so das «Haus der Geschichte Baden-Württemberg», andere blieben eher in Ansätzen stecken, wie das «Haus der Bayerischen Geschichte», das keinen festen Ort hat, sondern nur in Wechselausstellungen in verschiedenen bayerischen Orten präsent ist. Das «Deutsche Historische Museum» in Berlin ist das zentrale Museum der deutschen Geschichte von den Anfängen bis zur Gegenwart und wurde nach der Wiedervereinigung opulent ausgestattet. Das «Zeitgeschichtliche Forum» in Leipzig widmet sich als Filiale des Bonner Museums der Oppositionsgeschichte der DDR. Ebenfalls ein Kind der Wiedervereinigung ist das auch architektonisch grandiose «Jüdische Museum» in Berlin, das jüdisches Leben in Deutschland seit seinen Anfängen präsentiert. Deutschland ist auch ein Museumsland, und dabei spielt die breite Palette historischer Museen eine zentrale Rolle.

70. Warum wurde Erich Honecker nicht verurteilt? Jedwede gerichtliche Aufarbeitung von Unrecht nach einer Diktatur sieht sich mit gravierenden Problemen konfrontiert. Aufgabe eines Strafrichters in einem demokratischen Rechtsstaat ist es, die empirischen Sachverhalte zu prüfen, die normativen, vom Gesetzgeber formulierten Tatbestände zu interpretieren und auf diese Weise die Schuld der Angeklagten zu beurteilen. Fast fünfzehn Jahre wurde vor deutschen Gerichten über die Toten an der Berliner Mauer und der innerdeutschen Grenze verhandelt. Wie kompliziert die Materie war, lässt sich bereits an wenigen zentralen Fragen sehen: Wer war verantwortlich für den Schießbefehl? Wussten die DDR-Grenzsoldaten, dass die Schüsse an der Grenze gegen die Menschlichkeit verstießen? Welches Recht galt zur Tatzeit? War das Unrechtsbewusstsein der Grenzer durch zahlreiche Faktoren beeinträchtigt, etwa durch ihre Ausbildung? Indessen: Bleibt bei solchen Fragen nicht die Gerechtigkeit für die Opfer, die Väter und Mütter, die Ehepartner und Freunde der Getöteten, auf der Strecke?

Seit 2005 sind sämtliche einschlägigen Ermittlungs- wie auch die gerichtlichen Verfahren erledigt, und damit ist die Strafverfolgung von DDR-Unrecht abgeschlossen. Die Bilanz der justiziellen Vergangenheitsbewältigung fällt sehr gemischt aus. Der Bundesgerichtshof (BGH) stellte fest, dass sich sowohl die Schützen wie auch die Mitglieder des Politbüros des Zentralkomitees der SED wegen der Todesschüsse strafbar gemacht hatten; es habe eine ununterbrochene Verantwortlichkeitskette vom Politbüro bis zum Schützen bestanden. Der BGH nahm dabei die DDR-Verfassung und die von der DDR anerkannten internationalen Menschenrechtsvereinbarungen beim Wort. Demnach waren die Persönlichkeit und Freiheit eines jeden DDR-Bürgers unantastbar, und die SED-Führung sei persönlich zum Schutz von Leben und körperlicher Unversehrtheit verpflichtet gewesen. Die Gerichte verhängten jedoch zumeist nur Bewährungsstrafen. Daher kann man einem Experten beipflichten, der sagt: «Das Unrecht ist überwiegend nur noch beurkundet, nicht aber geahndet worden.» Insgesamt wurden 466 Personen angeklagt, 385 davon wurden abgeurteilt, bei 110 lautete das Urteil Freispruch, 275 wurden rechtskräftig verurteilt. Bei der Strafzumessung unterschieden die Gerichte nach der Hierarchie der Angeklagten: Für die Grenzposten kam es in der Regel zu Bewährungsstrafen zwischen sechs Monaten und zwei Jahren. Die Strafzumessung stieg kontinuierlich für Regimentskommandeure, Chefs von Grenzkommandos und so fort bis hin zu den Mitgliedern des Politbüros. Insgesamt lediglich 20 Befehlsgeber der Grenzschützen erhielten Freiheitsstrafen ohne Bewährung und wurden wegen Totschlags, nicht wegen Mordes, verurteilt: DDR-Verteidigungsminister Heinz Kessler zu 7 ½ Jahren, der letzte Partei- und Staatschef Egon Krenz zu 6 ½ Jahren, ebenso der frühere Chef der DDR-Grenztruppen, Klaus-Dieter Baumgarten. Sie alle wurden vorzeitig entlassen. Außer Krenz wurden im Politbüro-Prozess der Ostberliner SED-Chef und unfreiwillige Maueröffner Günter Schabowski und der SED-Wirtschaftsexperte Günther Kleiber zu dreijährigen Gefängnisstrafen verurteilt. Zuvor waren gegen die Mitglieder des «Nationalen Verteidigungsrates» Haftstrafen ausgesprochen worden: Neben Kessler gegen seinen Vize Fritz Streletz und den früheren SED-Chef von Suhl, Hans Albrecht. Gegen viele Angeklagte wurden die Verfahren wegen Krankheit eingestellt, der bekannteste Fall ist Erich Honecker. Im März 1991 war Honecker in die chilenische Botschaft nach Moskau geflohen. Da gegen ihn in der Bundesrepublik ein Haftbefehl bestand, holten ihn russische Soldaten in einer zweifelhaften Aktion aus der Botschaft heraus. Honecker wurde ausgeliefert. Vor Gericht rechtfertigte er den Mauerbau als «Friedenstat». Wegen seines schlechten Gesundheitszustandes beantragte er die Einstellung des Verfahrens, was zunächst abgelehnt wurde. Erfolg hatte er jedoch mit einer Verfassungsbeschwerde. Als das Verfassungsgericht des Landes Berlin seinem Antrag am 12. Januar 1993 stattgab, stellte das Landgericht Berlin noch am gleichen Tag das Verfahren gegen den Diktator ein. Am 14. Januar 1993 landete Honecker auf dem Flughafen in Santiago de Chile. Seine Frau Margot war bereits dort und seine Tochter lebte schon seit einigen Jahren in Chile. Freilassung und Ausreise des an Leberkrebs erkrankten Honecker lösten ein geteiltes Echo und eine juristische Auseinandersetzung um das Vorgehen der Berliner Justiz aus. Im Jahr darauf starb er.

71. Weshalb steht in Berlin ein Holocaust-Mahnmal und wieso gab es Streit darüber? 1988 entstand die private Idee eines «Holocaust-Mahnmals», die es bis 1992 zur staatlichen Förderung schaffte. Die Journalistin Lea Rosh forderte bei einer öffentlichen Diskussion zur Gestaltung des Prinz-Albrechts-Geländes in Berlin, dort ein «Denkmal für die ermordeten Juden Europas» zu errichten, eine Idee, die sie gemeinsam mit dem Historiker Eberhard Jäckel während eines Besuchs in der israelischen Gedenkstätte Yad Vashem entwickelt hatte. Mit Presseaufrufen wandten sich die beiden Initiatoren an die Öffentlichkeit, an den Berliner Senat, an die Regierungen der Bundesländer und an die Bundesregierung. Zu den Erstunterzeichnern gehörten Willy Brandt, Günter Grass, Walter Jens und Christa Wolf. Kurze Zeit darauf warnte der Zentralrat Deutscher Sinti und Roma in einem Aufruf vor einer Hierarchisierung der Opfer, die in einem ausschließlich den Judenmord thematisierenden Denkmal zum Ausdruck komme – ein Konflikt, der in den folgenden Jahren immer wieder aufflammte. Im November 1989 konstituierte sich unter Vorsitz von Rosh der «Förderkreis», der nach dem Fall der Berliner Mauer als neuen Denkmalsstandort ein Gelände in den ehemaligen Ministergärten südlich des Brandenburger Tors favorisierte. Im November 1992 war ein wichtiges Etappenziel erreicht: Der Bund und das Land Berlin erklärten sich bereit, die Hälfte der Kosten für das geplante Denkmal zu übernehmen; die andere Hälfte sollte der Förderkreis aus Spenden finanzieren. Damit aber definierten politische Repräsentationszwecke die Aufgaben und die Funktionen der Kunst – die Folgen zeigten sich bald.

Die anschließende Phase von 1993 bis 1995 stand im Zeichen des Wettbewerbs für das Denkmal. Die Auslober fassten «Anlass und Ziel» des Projekts in folgende Worte: «(...) es ist das Deutschland von heute, das sich in Gänze der Verpflichtung stellt: – der Wahrheit nicht auszuweichen, sie nicht dem Vergessen preiszugeben, – die jüdischen Ermordeten Europas zu ehren, – ihrer in Trauer und Scham zu gedenken, – die Last der deutschen Geschichte anzunehmen, – ein Zeichen zu setzen für ein neues Kapitel menschlichen Zusammenlebens, in dem kein Unrecht an Minderheiten möglich sein darf.» 528 Entwürfe gingen ein und im März 1993 gab die Jury ihre Entscheidung bekannt. Bald eskalierte der Streit. Der Vorsitzende des Zentralrats der Juden in Deutschland, Ignatz Bubis, setzte sich für einen der ausgezeichneten Entwürfe ein, während sich die Jury auf einen anderen verständigte. Dieser jedoch wurde wiederum von Bundeskanzler Helmut Kohl als nicht akzeptabel bezeichnet, der das Verfahren stoppte. Nur mühsam ging es in der folgenden Zeit zwischen 1996 und 1998 voran. Der Weg war mit immer neuen, zum Teil grundsätzlichen Konflikten gepflastert, so etwa zur Frage, welche prinzipielle Aussage das Denkmal überhaupt treffen sollte. Im Juli 1997 kam es zu einer zweiten Wettbewerbsrunde. Als «Realisierungsauswahl» einigte sich die Jury im November auf die Vorschläge von Peter Eisenman/Richard Serra (Stelenfeld), Jochen Gerz (drei Viertel der Fläche sollten mit Steinen gepflastert werden, die Antworten der Besucher trügen – Antworten auf die eine Frage, die an der Spitze von 39 in gleichen Abständen aufgestellten Lichtmasten von 17 Metern Höhe mit Glasfaserkabeln in den 39 Sprachen der jüdischen Opfer Europas gestellt wurde: «Warum?»), Daniel Libeskind («Stein-Atem», ein Entwurf, der das Irreparable und die Leere einer vernarbten Landschaft heraufbeschwor) und Gesine Weinmiller («Achtzehn verstreute Sandstein-Mauersegmente», die Leben symbolisierten, was indes durch den Abstieg in den Erinnerungsraum konterkariert wird, der an eine Wunde denken lässt).

Auf einen eindeutigen Sieger konnte man sich nicht einigen. Wiederum griff der Bundeskanzler ein: Er präferierte den Entwurf von Eisenman/Serra, ein wellenförmiges Stelenfeld aus 4000 Betonpfeilern von jeweils knapp einem Meter Breite und 2,30 Metern Länge, die in der Höhe von null Meter am Rand bis 7,50 Meter in der Grundstückmitte variierten und die das gesamte Gelände bedecken sollten. Die Stelen wirken in ihrer unterschiedlichen Größe individualisiert und kollektiviert zugleich; Besucher können sich in ihnen verlaufen. Kohl machte allerdings auch Änderungsvorschläge, z. B. was die Anzahl und Höhe der Pfeiler betraf, die beide reduziert werden sollten, was Serra veranlasste, sich aus dem Projekt zurückzuziehen; Eisenman revidierte den ursprünglichen Entwurf allein.

Nach dem Regierungswechsel zur rot-grünen Koalition von 1998 schien das Vorhaben eines zentralen Holocaust-Mahnmals zunächst in Frage gestellt. Der neue Staatsminister für Kultur, Michael Naumann (SPD), hielt das gesamte Konzept für zu monumental und zu ästhetisierend und schlug vor, auf dem Wettbewerbsgelände Steven Spielbergs Shoah-Stiftung anzusiedeln, die bis dahin 48 000 Interviews mit Holocaust-Überlebenden geführt haben würde. Zahlreiche Intellektuelle lehnten das Holocaust-Denkmal mittlerweile vehement ab. Martin Walser beispielsweise sprach in seiner skandalträchtigen Rede bei der Verleihung des Friedenspreises des Deutschen Buchhandels im Oktober 1998 von einer «Monumentalisierung der Schande». Die neue Bundesregierung legte nun fest, dass der Deutsche Bundestag über das Denkmal entscheiden solle; am 25. Juni 1999 beschloss dieser, in Berlin ein Mahnmal zu errichten, es ausschließlich den jüdischen NS-Opfern zu widmen, den überarbeiteten Entwurf von Eisenman zu realisieren und für die weiteren Schritte eine Stiftung zu gründen. Am 10. Mai 2005 wurde das Denkmal für die ermordeten Juden Europas eingeweiht.

Kunst, Kommerz, Kurzweil – Kulturelles und Sportliches

72. Warum waren die «Heimatfilme» so beliebt? «Sauber und rein» sollte es auf der Leinwand zugehen. Unberührte Natur und wahre Liebe – so hießen die beiden großen Themen der Kino-Kassenschlager der 1950er Jahre. «Schwarzwaldmädel», «Grün ist die Heide», «Dort oben, wo die Alpen glühn» oder «Der Förster vom Silberwald», solche Heimatfilme brachen alle Rekorde und zogen jeweils zwischen 14 und 22 Millionen Zuschauer in die Lichtspielhäuser. Ein Viertel der bis Mitte der 1960er Jahre produzierten Filme in der BRD gehörte zu diesem Genre und allein zwischen 1951 und 1958 gelangten 240 Heimatfilme in die Kinos. In ihnen kam eine Sehnsucht des Publikums nach Idylle, privatem Glück und häuslichem Frieden zum Ausdruck. Diese Sehnsucht ist begreiflich und es hat sie immer gegeben, doch nach den Bombennächten, den zerstörten Städten, der moralischen Konfusion der Trümmerzeit und dem Schmerz von Tod und Verlust ist sie noch besser verständlich. Die Leinwandprodukte waren Tagträume einer hektischen nachkriegerischen und posttotalitären Gesellschaft.

In der heilen Welt der grünen Täler und frischen Wälder wohnten anständige Förster und ehrliche Bauern. Die Zuschauer erkannten sofort, wer gut und wer böse war, Förstern standen Wilderer, Landbewohnern Städter gegenüber. Das Happy-End war obligatorisch. Ganz so harmlos, wie die Filme auf den ersten Blick daherkamen, waren sie in Wirklichkeit jedoch nicht. Sie verfügten nämlich über einen «Subtext» und griffen indirekt immer zentrale Punkte der Nachkriegszeit auf: den verlorenen Gutsbesitz im Osten, die heile Welt des Waldes als Kontrast zu den zerbombten Städten, die Heimat, auch die verlorene, mit Blick auf die Flüchtlinge und Vertriebenen, und vor allem die «natürliche» Autorität. So gesehen transportierte der Heimatfilm einerseits zeitgenössische Normen und autoritäre Verhaltensmuster und kann andererseits auch als Ausdruck zeittypischer Mentalitäten gelten. Er war der Reflex einer kollektiven subjektiven Wirklichkeit. Sonja Ziemann und Rudolf Prack spielten das Traumpaar im ersten deutschen Farbfilm, «Schwarzwaldmädel», und Ziemann erhielt dafür den Burda-Medienpreis «Bambi». Natürlich gab es auch andere Filme, amerikanische zumal, aber ebenso deutsche. Kurt Hoffmanns politisch-satirische Komödie «Wir Wunderkinder» von 1958, der die

Karriere eines Nazis und seinen erstaunlichen Wiederaufstieg nach 1945 aufs Korn nahm, muss ebenso erwähnt werden wie etwa Rolf Thieles als Sensation empfundener gesellschaftskritischer Film «Das Mädchen Rosemarie» von 1958 mit Nadja Tiller in der Hauptrolle, der das Leben und die Ermordung der Frankfurter Edelprostituierten Rosemarie Nitribitt erzählte, oder aber, ganz am Anfang der 1950er Jahre der Skandalfilm «Die Sünderin» mit Hildegard Knef als Protagonistin. Trotz solcher Beispiele: Die noch alles beherrschende Sehnsucht nach der - vermeintlich - «guten alten Zeit» deutet darauf hin, dass die die meisten Bürgerinnen und Bürger noch nicht in der Bundesrepublik angekommen waren. Die «Sissi»-Filme mit der jungen Romy Schneider - Herz-Schmerz-Episoden um die bayerische Prinzessin, die in der alten k.u.k.-Monarchie zur Kaiserin von Österreich und Königin von Ungarn aufstieg - sind inzwischen zur Legende geworden.

73. Was war die «Gruppe 47»? Wo konnte ein neues kulturelles und literarisches Leben beginnen, wo sollte man anfangen? Was war noch geblieben nach dem Kahlschlag und der Deutschtümelei der Nationalsozialisten? Man konnte sich zum Vertrauten zurücktasten, zu den Klassikern, vor allem zu Goethe, der nach 1945 hoch im Kurs stand, weil er dokumentierte, dass das zertrümmerte Deutschland zumindest als Kulturnation noch weiter bestand. Oder zu Thomas Mann, den die Nazis verfemt hatten und dessen Menschheitspathos wieder in die Zeit passte. Oder zu Hermann Hesse, dessen Geschichten von Gut und Böse neue Leuchtkraft erhielten. Oder zu Gottfried Benn, der den individuellen Nihilismus der Trümmerzeit so treffend bediente. Und wer es klassenkämpferisch mochte und sich der sozialistischen Zukunft zuwandte, griff zu den Stücken von Bert Brecht. Aus der Idee heraus, dass ein bloßer Rückgriff nicht ausreichte, sondern offensiv nach vorn gedacht werden musste, entstand die «Gruppe 47». Im Jahr 1947 verbot die amerikanische Besatzungsmacht die Zeitschrift «Der Ruf», und deren ehemalige Herausgeber trafen sich am 10. September 1947 in der Absicht, «die junge Literatur zu sammeln und zu fördern», so Hans-Werner Richter, der Kopf der Gruppe. Schriftsteller, Literaturkritiker und Verleger kamen fortan regelmäßig zusammen, um neue Werke zu präsentieren und zu kritisieren. Es handelte sich um eine fluktuierende Gruppierung, die zum wichtigsten Gradmesser der neuen bundesdeutschen Literatur in den

1950er Jahren wurde: Ilse Aichinger, Ingeborg Bachmann, Heinrich Böll, Günter Eich, Hans-Magnus Enzensberger, Günter Grass, Marcel Reich-Ranicki, Martin Walser und viele andere – die Gruppe 47 entwickelte sich rasch zur Talentschmiede. Stilistisches Leitbild war ein «magischer Realismus»; die konkrete Vergangenheit und Gegenwart verwandelte sich in die Beschreibung zeitloser Nöte und existentieller Gefährdungen. So entstand gleichermaßen betörende und irritierende Lyrik (Ingeborg Bachmann); und Martin Walser, der 1955 den jährlich verliehenen Preis der Gruppe erhielt, nahm in seinen frühen Romanen, wie «Ehen von Philippsburg», das beklemmende Innenleben westdeutscher Kleinbürgerlichkeit aufs Korn. Seit Mitte der 1960er Jahre verschärften sich indessen die Spannungen unter den Gruppenmitgliedern, die Treffen entglitten, Polemik bestimmte den Ton, Kritik verwandelte sich in offene Konfrontation. Versuche eines Neubeginns scheiterten immer wieder und 1977 löste sich die Gruppe 47 endgültig auf.

74. Hatten alle Deutschen Nierentische? Wenn man heute Fotos oder Filme aus den 1950er Jahren sieht oder auch nur nach Erinnerungen an die «Fuffziger» fragt, so scheinen alle Wohnungen mit Nierentischen, Gummibäumen, unzerbrechlichen Vasen und anderen kühnen Gegenständen bestückt gewesen zu sein. Neue Plastiksorten ermöglichten die Produktion fantasievoller Einrichtungsgegenstände und so entstand eine kuriose Formenwelt der Nierentische und Tütenlampen. Diese moderne Formgestaltung nahm Entwürfe des Bauhauses aus den 1920er Jahren, die während der NS-Zeit verfemt worden waren, wieder auf, und die daraus entstehende expressiv-eskapistische Ästhetik des Alltagsinventars kündete von einer neuen Zeit – der «Moderne». Das Adjektiv «modern» wurde zum Inbegriff für einen Abschied von der alten Zeit. Doch was uns heute mit Impertinenz als das Kennzeichen der Fünfziger entgegentritt, feierte große Erfolge erst im Retrochic der 1970er Jahre, als man dieses Produktdesign wiederentdeckte. Mitte der fünfziger Jahre legte das Allensbacher Institut für Demoskopie einem repräsentativen Querschnitt der westdeutschen Bevölkerung die Abbildungen von vier Wohnzimmern mit unterschiedlichem Einrichtungsstil vor. Was gefiel den Deutschen am besten? Nierentische? Das Ergebnis war eindeutig und mag uns heute Lebenden ein wenig enttäuschen. Mehr als die Hälfte bevorzugte jenes Interieur, das Modernisten so gerne als «altdeutschen Plüsch» verächtlich machen: einen wuchtigen Wohnzimmerschrank, der bis unter die Decke reichte, einen klobigen Holz-Esstisch in der Mitte, darüber eine Art Kronleuchter, und der restliche Platz im Zimmer vollgestellt mit monströsen, breitschultrigen Polstersesseln. Nur eine kleine Minderheit schätzte die zierliche Variante der leicht geschwungenen und farbenprächtigen PVC-Möbel mit filigranen Schalensesseln, grazilen Nierentischen und flexibler Stehlampe, die wir heute als Insignien der Wohnkultur der 1950er Jahre betrachten.

75. Was hat Joseph Beuys mit der «documenta» zu tun? Es war zweifellos das wichtigste kulturelle Ereignis jener Jahre mit spektakulären Fernwirkungen: Im Jahr 1955 erfolgte die Gründung der Kasseler «documenta» unter dem erklärten Ziel, die Abstraktion als Ausdruck der Moderne zu adeln und nach langen Jahren der Nacht und dem Verdikt einer «entarteten Kunst» den Westdeutschen endlich wieder Anschluss an die künstlerische Moderne zu ermöglichen. Pablo Picasso, Paul Klee, Emil Nolde, Max Beckmann, Wassily Kandinsky, Piet Mondrian und viele weitere Vertreter von Expressionismus, Surrealismus und Kubismus waren zu sehen. «Da kommt man wohl nicht umhin», so einer der Organisatoren, Werner Haftmann, in seiner Einführung von 1955, «noch einmal die schmerzhaften Erinnerungen anzurühren an jene jüngst vergangene Zeit, in der Deutschland aus der vereinten Anstrengung des modernen europäischen Geistes heraustrat ...». Später schloss er mit den Worten: «Diese Ausstellung ist weder als Bereicherung für Kenner noch zur Belehrung Widerstrebender gedacht. Sie ist für die heraufwachsende Jugend gedacht, für deren noch unbekannte Maler, Dichter, Denker, dass sie erkennen mögen, welcher Grund ihnen zubereitet wurde und was es zu verwalten und was zu überwinden gilt. Rechtfertigung und Würde unseres modernen Geistes ist immer das Bewusstsein unserer Freiheit nach vorn.»

Vier Jahre später, 1959, zur zweiten documenta, erwiesen sich die Ausstellungsmacher als noch mutiger, denn sie wandten sich der «Kunst nach 1945» zu. Propagiert wurde, so hieß es im Katalog, «das globale Abstraktgewordensein der modernen Kunst; es galt, für diesen Anspruch der gegenstandsbefreiten Bildpraxis eine lückenlose Entwicklungslogik zu konstruieren». Farbe wurde als Farbe und Form als Form reflektiert. Und dies verfehlte seine Wirkung nicht:

Wer sich in der staatlichen Kunstförderung der Bundesrepublik jener Jahre umschaute, wer einen Blick in die öffentlichen Gebäude warf, wer sah, wie sich Industrieverbände um eine Kunstförderung bemüht zeigten – dem wurde schnell klar, dass westliche Moderne und Abstraktion zwei Seiten der selben Medaille darstellten. Die documenta entfaltete einen erheblichen Schwung und verhalf verschiedenen Stilrichtungen zum Durchbruch – in den 1960er Jahren der amerikanischen Pop-Art, später Performances und der Video-Kunst. Auf der documenta wurde Kunstgeschichte geschrieben: Die Installationen von Joseph Beuys, einem der genialsten und größten deutschen Künstler des 20. Jahrhunderts, waren unter den Zeitgenossen ebenso umstritten wie sie mittlerweile legendär geworden sind. Beuys' Kreativität weitete sich auf sämtliche Lebensbereiche aus, und seine Ideen einer sozialen und ökologischen Plastik verwirklichte er aufs Schönste in dem Projekt «Stadtverwaldung statt Stadtverwaltung» anlässlich der documenta 7 im Jahr 1982: 1000 Eichen wurden gepflanzt.

76. Wer waren die «Helden von Bern»? «Aus! Aus! Aus! Das Spiel ist aus!» – mit sich überschlagender Stimme brüllte Rundfunkjournalist Herbert Zimmermann diese Botschaft in den Äther; man wähnte ihn bereits am Rande eines Herzinfarktes, so klang er. Deutschland hatte die hoch favorisierten Ungarn bei der Fußball-WM 1954 im Endspiel von Bern mit 3:2 geschlagen. Den entscheidenden Treffer schoss Rahn fünf Minuten vor dem Schluss nach einer Flanke von Schäfer. «Es war unbeschreiblich, was sich nach dem Schusspfiff des englischen Schiedsrichters Ling in dem ausverkauften Wankdorfstadion tat», schrieb tags darauf die Frankfurter Rundschau. «Unter dem Jubel der 650 000 Zuschauer mussten die deutschen Spieler eine halbe Ehrenrunde laufen, ehe sie zur Siegerehrung kamen. Der ehrwürdige langjährige Präsident der FIFA, Jules Rimet, nach dem der Weltmeisterschaftspokal benannt ist, überreichte dem deutschen Mannschaftskapitän Fritz Walter die Siegestrophäe. Die deutsche Nationalhymne erklang, und während Fritz Walter dem Bundestrainer Sepp Herberger spontan den Pokal weiterreichte, trafen schon die Glückwunschtelegramme aus Deutschland ein, unter ihnen die von Bundespräsident Heuss und Bundeskanzler Adenauer.»

Die «Helden von Bern» schrieben Fußballgeschichte. Aber nicht nur dies. Für das arg gebeutelte deutsche Selbstwertgefühl war der

Titelgewinn von nicht zu überschätzender Bedeutung. «Wir sind wieder wer» wurde zum geflügelten Wort, auch wenn damit ungute Erinnerungen an «Wir waren schließlich schon einmal wer!» mitschwangen. Übrigens: «Die deutsche Nationalhymne erklang ...», so stand es in der Frankfurter Rundschau zu lesen. Verschwiegen wurde allerdings der peinliche, aber doch auch bezeichnende Fehlgriff: Die 5000 deutschen Schlachtenbummler in Bern stimmten die deutsche Nationalhymne an, doch sie sangen die Strophe «Deutschland, Deutschland über alles ....» und nicht die neue Hymne in Gestalt der dritten Strophe des Deutschlandliedes «Einigkeit und Recht und Freiheit ...». Dies zog heftigen internationalen Protest nach sich.

77. Warum sind Bildung und Kultur Ländersache? Anders als in den meisten zentralstaatlich verfassten europäischen Staaten sind in den vielen selbstständigen deutschen Feudalstaaten und Stadtrepubliken seit dem 17. Jahrhundert eine Fülle von Kultureinrichtungen geschaffen worden. Diese selbstständigen kulturellen Traditionen sind bis in die Gegenwart Ausdruck der verfassungsmäßig festgelegten Kulturhoheit der Bundesländer. Bei der Gründung der Bundesrepublik 1949 achteten die westlichen Alliierten, besonders die Franzosen und die Amerikaner, mit Argusaugen auf ein föderales Struktur- und Verantwortungsprinzip, um der Zentrale, dem Bund, nicht zu große Macht einzuräumen. Dies war auch eine Folge der nationalsozialistischen Politik, nicht zuletzt des Missbrauchs von Kunst und Kultur. Insgesamt jedoch kamen ältere deutsche Traditionen und neue alliierte Prägungen zusammen. Als «Herzstück der Eigenstaatlichkeit der Länder» gelten deshalb die kulturellen Angelegenheiten und die Zuständigkeit für das Schul- und Hochschulwesen – man spricht von der «Kulturhoheit» der Länder. Dies führte zu einer im europäischen Vergleich großen kulturellen Vielfalt, denn wo es kein mächtiges Zentrum gibt, das alles an sich zieht, da gibt es auch keine machtlose Peripherie, die verödet. Die Kehrseite ist ein ständiges Gerangel um die gegenseitige Anerkennung von Schul- und Hochschulabschlüssen und eine höchst unterschiedliche Bildungspolitik, wie sie jüngst wieder mit Blick auf die Studiengebühren sichtbar wurde: Einige Bundesländer erheben diese Gebühr, andere nicht. Schließlich haben auch die Städte und Landkreise einen eigenständigen Kulturauftrag und können sich dabei nicht allein auf die jeweilige Landesverfassung berufen, sondern ebenso auf das Grundgesetz

(Art. 28 Abs. 2). Licht und Schatten liegen hier ebenfalls nah beieinander, denn der Spar- und Konsolidierungsdruck der öffentlichen Haushalte wirkt sich meistens zuerst auf den kulturellen Bereich aus. Er steht bei den Streichlisten immer ganz oben.

78. Seit wann gibt es mehr Studentinnen als Studenten? Die Bildungsexpansion seit Mitte der 1960er Jahre hat die Gesellschaft der Bundesrepublik stärker verändert als jede andere Entwicklung. Sie ermöglichte für viele bessere Berufs- und Lebenschancen. Am meisten profitierten die Kinder mittlerer Angestelltenschichten von den Reformen – und vor allem Frauen, was auch daran lag, dass sie bis dahin extrem benachteiligt waren. Bis 1960 stieg die Zahl der Studierenden auf 247 000 an, wobei die Frauenquote bei 27 Prozent lag. Danach begann die eigentliche, bis 1980 andauernde Expansionsphase des Hochschulsystems. In diesen beiden Jahrzehnten wurden 24 neue Universitäten und Technische Hochschulen gegründet. Der Bedarf an Lehrpersonal stieg enorm an. Niemals mehr danach gab es eine derart goldene Zeitspanne für akademische Karrieren. Bis 1970 hatten die Studierendenzahlen die halbe Million überschritten, und im Jahr 1980 wurde die Millionengrenze erreicht – ohne, dass ein Ende der Expansion abzusehen gewesen wäre. 1990 waren 1,7 Millionen Studierende an den «Massenuniversitäten» immatrikuliert. Der Frauenanteil, der 1975 noch 36 Prozent betragen hatte, war auf 41 Prozent angewachsen und Mitte der 1990er Jahre überholten die Frauen die Männer schließlich.

79. Bis wann gab es nur eine deutsche Olympiamannschaft? In der Sprache des ostdeutschen SED-Regimes war Sport die «Werkstatt des Sieges». Auch auf diesem Feld sollte sich die Überlegenheit des Sozialismus erweisen. Dass man bei den Olympischen Spielen lange Zeit nur im Rahmen einer gesamtdeutschen Mannschaft siegen konnte – also zusammen mit den Sportlern des westdeutschen «Klassenfeindes» –, rief bei Walter Ulbricht und beim Politbüro größtes Missbehagen hervor. Man hatte alles versucht, um Anerkennung zu erlangen: Bereits 1951 war ein «Nationales Olympisches Komitee der DDR» gegründet worden, um dem westdeutschen Gegenstück, das sich «Nationales Olympisches Komitee für Deutschland» (NOK) nannte, Paroli zu bieten und sich von ihm abzugrenzen. Es half nichts, die Bundesrepublik nutzte ihre wiedergewonnene internationale Stellung, um Druck auszuüben, und so erkannte das «Internationale Olympische Komitee» (IOC) die DDR staatlich nicht an. Dies bedeutete, dass Sportler aus der DDR in Melbourne 1956 zwar teilnehmen durften, aber nur unter dem Dach einer gesamtdeutschen Mannschaft. Damit wies das IOC, das die deutschen Zwistigkeiten zusehends unerträglicher fand, den beiden deutschen NOKs den schwarzen Peter zu, denn sie mussten entscheiden, mit welcher Nationalhymne sie antreten sollten. Unerwarteterweise gelang es der DDR, auf diesem Gebiet zu punkten: Sie akzeptierte Ludwig van Beethovens «An die Freude» als Hymnen-Kompromiss, womit die Bundesrepublik auf ihre Nationalhymne, also die 3. Strophe des Deutschlandliedes, verzichten musste.

1960, vor den Sommerspielen in Rom, spitzte sich der Konflikt weiter zu. Die DDR hatte vor einiger Zeit in ihre Staatsflagge Hammer und Zirkel im Ährenkranz aufgenommen – vier Jahre zuvor waren west- und ostdeutsche Flaggen noch identisch gewesen –, doch allein die Vorstellung, hinter dieser Fahne einzulaufen, ließ bei den bundesdeutschen Sportlern die olympische Vorfreude auf den Nullpunkt sinken. Das IOC regte ein schwarz-rot-goldenes Banner mit den fünf Olympia-Ringen an. Bundeskanzler Adenauer bebte vor Zorn und meinte sarkastisch, irgendwann wolle dann auch die Metzgerinnung mit einem Schweinskopf auf die Deutschlandfahne – aber es blieb nichts anderes übrig, als den Kompromiss zu akzeptieren. 1964 in Tokio trat wieder – und zum letzten Mal – eine gesamtdeutsche Mannschaft bei den Wettbewerben an, und die Ausbeute von insgesamt 50 Medaillen war die größte seit 1936. An diesem Erfolg hatten die Sportler aus der DDR wesentlichen Anteil. Neben zahlreichen gewonnenen Goldmedaillen konnte die DDR im Jahr 1972 noch einen weiteren, kleinen Triumph feiern: Bei den XX. olympischen Sommerspielen in München wurde erstmals die DDR-Hymne gespielt – ausgerechnet eine bundesdeutsche Kapelle musste die Melodie nun einstudieren.

80. Wer mochte die Beatles, wer ABBA und wer James Last? Am Beispiel der Beat- und Rockmusik kann man nachzeichnen, wie sich die westdeutsche Gesellschaft aus traditionellen Bindungen löste. Der Wiederaufbau nach dem Krieg musste mit demselben Volk vonstatten gehen, das kurz zuvor noch «Heil Hitler» gerufen hatte, und die mentale Verhaftung im Alten war erheblich stärker als man gemeinhin vermutet – ein Blick in die so zahlreichen «Benimmbücher» der Zeit lehrt dies. Trägerschichten von Veränderungen sind meistens Jugendliche und für die unmittelbar nach 1945 Geborenen brach eine goldene Zeit an. Mehr Freizeit, mehr Geld, mehr Warenangebot – den in dieser ersten deutschen Massenkonsum- und Wohlstandsgesellschaft der 1960er Jahre groß gewordenen jungen Menschen war es wie keiner Generation zuvor und danach vergönnt, kulturelle und politische Spielräume in solchem Maße nutzen zu können. Plattenspieler und Stereoanlagen eroberten ihre Zimmer, die Werbung richtete sich auf sie aus und Trendzeitschriften wie «BRAVO» beschrieben, was «in» war.

«In» waren The Beatles. 1960 wurde die Popgruppe, die in diesem Jahrzehnt sämtliche Rekorde brach, in Liverpool gegründet. Sie vereinigte Vergnügen und Provokation und trug entscheidend dazu bei, dass die Popmusik zu einer jugendkulturellen Ausdrucksform werden konnte. Kreischende junge Mädchen, die auch einmal in Ohnmacht fielen, waren fester Bestandteil der Beatles-Auftritte. Mitte der 1960er Jahre wandelte sich der Stil der Beatles zu einer sehr komplexen Musik. Die Gruppe wurde zu einem Symbol für den Umbruch im Leben und Denken von jungen Menschen, und als sie 1970 wegen interner Meinungsverschiedenheiten auseinanderbrach, markierte dies das Ende einer Musikepoche. Wem die Beatles zu «brav» waren, der liebte The Rolling Stones, die genau unter diesem Aspekt 1962 von findigen Managern gegen die Beatles aufgebaut wurden. Ihr härterer Rock, der auch gesellschaftliche Themen ansprach, machte sie zum Leitbild rebellischer Jugendlicher, sie standen für einen Nonkonformismus. «Time Is on My Side», der Singlehit der Rolling Stones aus dem Jahr 1964 brachte wie kaum ein anderer Titel das optimistische Lebensgefühl und den Generationenkonflikt vieler Jugendlicher zum Ausdruck. Ein romantisch gefärbtes Bewusstsein von den Umbrüchen ist freilich fehl am Platze, denn in der Musik der 1960er Jahre gab es eine tödliche Kehrseite dieser Bewusstseinserweiterung: der Tod vieler Heldinnen und Helden durch exzessiven Drogenkonsum, so Janis Joplin oder Jim Morrison.

Generationen versöhnend, heiter und optimistisch wirkte die Gruppe ABBA, die weltweit populärste Musikgruppe der 1970er Jahre in charakteristischen bunt-poppigen Kostümen. Die schwedische Popband formierte sich am Beginn des Jahrzehnts und schaffte ihren internationalen Durchbruch 1974 durch den Sieg beim Eurovision

Song Contest mit dem Titel «Waterloo». Seitdem stieg ABBA mit mehr als 370 Millionen verkauften Tonträgern zur kommerziell erfolgreichsten Gruppe der Musikgeschichte auf. Aber auch musikalisch war ABBA top: die vordergründig eingängigen Melodien waren tatsächlich aufwändig arrangiert und hochkompliziert. 1982 löste sich das Quartett auf.

James Last und sein Orchester schließlich waren etwas für jene, die auf die fünfzig zugingen oder dieses Alter bereits überschritten hatten. Bei keiner Fernsehshow, beispielsweise der beliebten ZDF-Starparade, durfte die Band fehlen. Der James-Last-Sound, ein leichter verpoppter Swing, durchzog wie ein beständiges, wohltuendes Lüftchen die gesamten 70er Jahre. Mit über 100 Millionen verkaufter Tonträger und seinen Tourneen auf allen Kontinenten war er der erfolgreichste deutsche Tonkünstler weltweit.

81. Was machte Sparwasser berühmt? In der 78. Spielminute musste Sepp Maier hinter sich greifen. An diesem 22. Juni 1974, um 21 Uhr und 3 Minuten fiel ein Schuss, der die Bundesrepublik erschütterte. Beim Gruppenspiel der Fußball-Weltmeisterschaft im Hamburger Volksparkstadion führte die DDR mit 1:0 gegen die Bundesrepublik Deutschland. Zum ersten Mal waren die beiden deutschen Mannschaften bei einem Fußballspiel aufeinander getroffen und Jürgen Sparwasser vom 1. FC Magdeburg hatte soeben den sensationellen Siegtreffer geschossen – unhaltbar für Torhüter Sepp Maier. Die von SED-Funktionären sorgfältig ausgewählten DDR-Schlachtenbummler jubelten, während die Bundesdeutschen ungläubig die Augen rieben. Wenige Minuten zuvor hatten die bundesdeutschen Fans noch «Deutschland-Deutschland»-Anfeuerungen gerufen, was von den Rängen, auf denen die Ostdeutschen saßen, mit «DDR, DDR» quittiert worden war. Nun also hatte Deutschland gegen die DDR verloren.

Deutschland gegen die DDR? Dieses Spiel war viel mehr als nur ein sportliches Ereignis. ZDF-Reporter Werner Schneider sagte an die Zuschauer gerichtet vor der Spielübertragung, man habe sich bei Universitätsprofessoren erkundigt, wie man über das Ereignis sprechen solle: Ostdeutschland gegen Westdeutschland wolle man nicht sagen, «Zone» auch nicht, und DDR in Anführungszeichen lässt sich mündlich nicht ausdrücken, also: «DDR gegen die Bundesrepublik Deutschland.» Und Schneider weiter: « Auch das Wort ‹Nationalmannschaft› sollte heute Abend nicht tabu sein, auch wenn wir uns im Klaren sind, dass es zwei Nationalmannschaften einer Nation eigentlich und streng genommen nicht geben dürfte.» Die ganze Verzwicktheit der deutschen Frage leuchtete bei diesem sportlichen Ereignis auf.

Nur für die Jüngeren war es ein normales Spiel. Paul Breitner, Münchner Fußballer, meinte, für einen wie ihn, der 1970 in Bayern Abitur gemacht habe, sei die DDR das absolute Ausland. «Und wenn es hieß, ‹unsere Brüder hinter der Mauer›, dann habe ich immer gesagt, was soll diese Farce?» Für ihn war das Match gegen die DDR ein ganz normales Länderspiel, so wie gegen Japan oder Tunesien. Günter Grass, der 1927 Geborene, brachte hingegen in seinem Buch «Mein Jahrhundert» die Seelenqualen jener zum Ausdruck, die noch gesamtdeutsch dachten: «1:0 für Deutschland. Für welches? Für meines oder meines? Ja, ich habe wohl in meiner Zelle Tor, Tor, Tooor gebrüllt, aber zugleich schmerzte mich der Rückstand des anderen Deutschland.» Böse Zungen behaupteten später, die bundesdeutsche Mannschaft habe absichtlich eine Niederlage provoziert, um in die für sie leichtere Gruppe bei den nächsten Spielen zu kommen. Dies darf man getrost in das Reich der Sportlegenden verweisen. Aber immerhin: Der Sieg der DDR gegen den «Klassenfeind» Bundesrepublik hat der Elf von Beckenbauer, Müller und Co. letztlich zum WM-Titel 1974 verholfen (2:1 gegen die Niederlande). Sparwasser sei Dank. «Wenn man auf meinen Grabstein eines Tages nur ‹Hamburg '74› schreibt, weiß jeder, wer darunter liegt», sagte Jürgen Sparwasser später in einem Interview. Der in der DDR Gefeierte erwies sich übrigens als schlechter Klassenkämpfer: Während eines Aufenthaltes mit einer Senioren-Fußballmannschaft in Saarbrücken blieb er 1988 in der Bundesrepublik.

82. Was ist die «Neue Deutsche Welle»? In den 1980er Jahren war es so wie in den 1950ern: Es gab in der Bundesrepublik eine eigenständige Musikszene. In der Adenauerzeit war es der Schlager, in der Kohl-Ära die «Neue Deutsche Welle». Diese adaptierte den aggressiven britischen Punkrock und modelte ihn so um, dass er die jungen Deutschen nicht erschreckte. 1980 gab es allein in West-Berlin über 500 «Garagenbands». Einige schafften den – meist nur kurze Zeit andauernden – Durchbruch. Die Bands hießen «Ideal», «Abwärts», «Einstürzende Neubauten», oder, wie die Münchner Alpenrock-Band, «Spider Murphy Gang». Mit dieser «Neuen Deutschen Welle» setzte sich in der populären Musik ein ungewöhnlicher Trend durch. Sie drängte die bis dahin absolute Dominanz englischsprachiger Produktionen im Bereich der jugendlichen Populärmusik zurück, überraschte durch Emotionalität und Subjektivität, aber auch durch politische Statements, etwa die Kölner Mundartrockband «BAP». Auffällig war die teilweise postmoderne Beliebigkeit: Nonsens-Gruppen wie «Trio», die dröge, völlig absurde, dadaistische Texte von sich gaben und einfach nur «Da-da-da» sangen, gehörten dazu, «Öko-Songs» der Gruppe «Gänsehaut», aber auch der New Wave-Sound von Nena, die mit sympathischen Melodien und optimistischen Texten der bundesdeutschen Popszene einen Vitalitätsschub verpasste und auf weltweite Begeisterung stieß. Nenas friedensbewegter Song «Neunundneunzig Luftballons» war der Ohrwurm des Jahres 1984 und kletterte auch in den USA, in England und in Japan an die Spitze der Charts. Insgesamt kann man sagen, dass die damals mächtige deutsche Friedensbewegung auf die Musik abfärbte. Die «guten Deutschen» waren beliebt, und beim «Grand Prix d' Eurovision» 1982 gewann die 17-jährige deutsche Sängerin Nicole mit dem Liedchen «Ein bisschen Frieden».

Parallel zur neuen deutschen Musikwelle erhob sich Anfang der 1980er Jahre eine neue deutsche Welle in den bildenden Künsten, eine expressive Rückkehr zur Malerei. Der Durchbruch zu unbedingter Subjektivität, fern jeder allgemeinen Botschaft, kennzeichnete diesen Trend. Die «Neuen Wilden» aus Deutschland provozierten durch eine leidenschaftliche Malerei mit dicken, heftigen Pinselstrichen. Emotionsgeladene Werke beispielsweise von Georg Baselitz, der seine Bilder einfach auf den Kopf stellte, Jörg Immendorff, Markus Lüpertz, Elvira Bach und dem jung verstorbenen Martin Kippenberger. In internationalen Kunststädten waren die Deutschen «in», man zahlte Höchstpreise. Last but not least muss man den neuen deutschen Film der 1980er erwähnen. Junge Filmemacher setzten großartige Werke auf die Leinwand: Werner Herzog erzielte 1981 weltweites Aufsehen, als er mit «Fitzcarraldo» ein aufwendiges Urwalddrama inszenierte; es begann die Karriere von Wim Wenders, dessen Filme, wie «Der Stand der Dinge» (1982), «Paris, Texas» (1985) oder «Der Himmel über Berlin» (1987) sich durch eine ungewöhnlich poetische Filmsprache auszeichneten. Rainer Werner Fassbinder, der exzessivste von allen, was Filme und Lebensweise gleichermaßen betraf, starb bereits 1982. Edgar Reitz stieß mit seinem Fernsehfilm «Heimat. Eine Chronik in elf Teilen» (1984) in das neue Heimatgefühl vieler Deutschen vor. Er knüpfte an die Nahwelt der Menschen an, an das Heimatbewusstsein, das nun nicht mehr unkritisch war. Langsame, epische, nicht hektische Kameraführung, Bilder von Landschaften im Hunsrück, von den Wurzeln der Menschen.

83. Seit wann senden ARD, ZDF und die Privaten? Mitte der 1950er Jahre wurde die Arbeitsgemeinschaft der Rundfunkanstalten Deutschlands (ARD) gegründet, seit 1952 strahlte der Nordwestdeutsche Rundfunk, zunächst auf wenige Stunden beschränkt, ein tägliches Programm aus, und zwei Jahre später begann das gemeinsame Fernsehprogramm der ARD. Der Siegeslauf des Fernsehens kam langsam in Gang, gewann aber seit Beginn der 1960er Jahre deutlich an Kraft. 1960 verfügten 17,6 Prozent der Haushalte über ein TV-Gerät, ein Jahrzehnt später war das Fernsehzeitalter vollends durchgebrochen. Die Entstehung des Zweiten Deutschen Fernsehens (ZDF) geht auf einen veritablen politischen Streit zurück. Kanzler Adenauer war der «rote» Nordwestdeutsche Rundfunk immer schon ein Dorn im Auge. 1959 holte er zum Gegenschlag aus: Die Bundesregierung legte einen Gesetzentwurf zur Neuordnung des Rundfunk- und Fernsehwesens vor – es sollte neben zwei weiteren Rundfunkanstalten auch das «Deutschland-Fernsehen» geschaffen werden. Dieser Plan lief auf nichts weniger als einen verkappten Staatsfunk hinaus. Die Bundesländer fürchteten zu Recht, dass ihre Rundfunkkompetenzen ausgehöhlt würden und zogen vor das Bundesverfassungsgericht, das Adenauers Vorhaben für verfassungswidrig erklärte. Nach dieser Niederlage des Bundes wurden die Länder selbst aktiv und gründeten im Juni 1960 ein ländereigenes Zweites Deutsches Fernsehen als gemeinnützige Anstalt, das 1963 auf Sendung ging. ARD, ZDF und die regionalen Dritten Programme bildeten seither die deutsche Fernsehherrlichkeit für die nächsten zwanzig Jahre.

Die eigentliche massenmediale Revolution vollzog sich erst in den 1980er Jahren. Jetzt wurden die Schleusen für das Privatfernsehen geöffnet, jetzt kam es zu einem erbitterten Streit darüber, ob sich auch die Deutschen durch ungehemmten TV-Genuss «zu Tode amüsieren» würden, was erst vor einigen Jahren in die Debatte über das «Unterschichtenfernsehen» gemündet hat. 1981 erklärte das Bundesverfassungsgericht kommerzielle Betreiber für zulässig. Unter massivem

Druck der Interessenlobby machte die Regierung Kohl den Weg für die Privaten frei. Zuerst kam es zu einer fortschreitenden Verkabelung der Bundesrepublik. Eine Serie neuer Landesrundfunkgesetze ermöglichte es sodann den meisten Bundesländern, private Fernsehsender anzubieten. Der luxemburgische Sender RTL plus begann seine Tätigkeit am 1. Januar 1984, zweieinhalb Jahre später trat der vom Axel Springer- und Leo Kirch-Konzern getragene Sender SAT.1 in die Fernseharena, danach kamen Pro Sieben, VOX und viele andere mehr. Auch das öffentlich-rechtliche Fernsehen reagierte auf die neue Konkurrenz, die Sendekapazitäten wurden erweitert und mit nur zum Teil niveauvollen Familiengeschichten bestückt, anfangs mit amerikanischen, wie «Dallas» oder «Der Denver-Clan», bald mit eigenen Produktionen, wofür die «Schwarzwaldklinik» - die an die Heimatfilme der 1950er Jahre anknüpfte - oder die «Lindenstraße» stellvertretend für alle anderen stehen können. Gegenüber einigen Produktionen der Privaten, etwa «Big Brother», waren diese noch geradezu geistig anspruchsvoll. Die massenmediale Revolution veränderte die Lebensführung - das Weltgeschehen kam in das Wohnzimmer -, öffnete der Werbung ein breites neues Feld und wirkte sich nicht zuletzt auch auf die Politik aus: Ohne Fernsehwirkung ist nahezu jeder Politiker in der Bundesrepublik heute dem Untergang geweiht.

84. Was soll Postmoderne sein? «Postmoderne» ist sicherlich mittlerweile einer der am meisten ausgetretenen Begriffe, die existieren, ist zum Mode- und Plastikwort verkommen. «Anything goes», «alles ist möglich», lautete der postmoderne Schlachtruf, der seit Anfang der 1980er Jahre die gesamte westliche industrielle Welt ergriff. Das Positive an diesem Motto war ein größeres Maß an persönlicher Freiheit. Das Negative daran lässt sich auf den Nenner «fehlende Wertorientierung» bringen. Schon an diesem Gegensatz zeigt sich, wie umstritten das Etikett «Postmoderne» ist. Hatte die Gesellschaft den Glauben an die Sinnhaftigkeit und Vernünftigkeit der Welt verloren? Der französische Philosoph Jean-François Lyotard schrieb 1979 das Manifest postmodernen Denkens, das rasch enorme Durchschlagskraft erhielt, nicht zuletzt in der Bundesrepublik. Die «große Erzählung» von Wissen und Wahrheit war demnach an ein Ende gelangt, den allumfassenden Sinn des Lebens und der Kultur gebe es nicht; was bleibe seien Teilwahrheiten, die nur noch in kleiner Münze bezahlt würden. Ein Plan der Geschichte? Eine Fehlanzeige. Die Herrschaft der Vernunft? Eine Leerstelle. Aber traf dieser Befund zu? Wurde damit nicht das Projekt der aufklärerischen Moderne verraten? So jedenfalls mutmaßte der deutsche Philosoph und Gegenspieler Lyotards, Jürgen Habermas. Die neue Unübersichtlichkeit sei eine gegen die Aufklärung gerichtete Beliebigkeit, so seine Anklage.

Wie dem auch sei – die Postmoderne war ein wesentliches Kennzeichen der 1980er Jahre. Man sieht dies am besten bei den bildenden Künsten und vor allem in der Architektur. Photo-, Film- und Videokunst, Experimente mit Laserstrahlen – diese Richtungen brachen mit Wucht in den traditionellen Kunstbetrieb ein. Am sichtbarsten sind die Hinterlassenschaften der Postmoderne in der Architektur. In den 1980er Jahren war hier ein radikaler Eklektizismus vorherrschend: Willkürlich wurden Versatzstücke aus verschiedenen Stilen ausgewählt und spielerisch miteinander kombiniert. Verspielte Vielfalt – so ließe es sich formulieren. Diese Form der Architektur opponierte in typisch postmoderner Manier gegen den Ganzheits- und Wahrheitsanspruch der Moderne und setzte ihr das Unvollendete, Fragmentarische, das Verspielte und letztlich Entscheidungslose entgegen. Kritiker sahen darin nur «Gefälligkeitsarchitektur». Ende der 1970er Jahre bereits provozierte James Stirling mit dem Bau der Neuen Staatsgalerie in Stuttgart – eine Art Architektur-Collage mit Zitaten sowohl aus klassischen als auch aus modernen Vorbildern: bis heute ein Stein gewordenes Sinnbild der Postmoderne in der Bundesrepublik.

85. Was war die «Trimm-Dich-Bewegung»? Seit dem Ende der 1960er Jahre sorgten sich Politiker um die Volksgesundheit, denn der wachsende Wohlstand machte sich auch am Bauchumfang der Deutschen bemerkbar. Übergewicht war die Kehrseite des ungezügelten Genusses und dieses führte vermehrt zu Herz-Kreislauferkrankungen, die häufigste Todesursache in der Bundesrepublik. 1970 startete deshalb das Gesundheitsministerium zusammen mit dem Deutschen Sportbund jährlich wechselnde Trimm-Aktionen, etwa das «Trimm-Trab» unter dem Motto «Das neue Laufen ohne zu Schnaufen». Die Deutschen sollten dazu animiert werden, in ihrer Freizeit leichten sportlichen Aktivitäten nachzugehen. Dazu erfand man auch «Trimmi», die Figur und das Symbol der «Trimm-Dich-Bewegung». In Wäldern und auf Wiesen zahlreicher Städte richteten Kommunalverwaltungen «Trimm-Dich-Pfade» ein, die «chic» waren und sich wachsender Beliebtheit erfreuten. Heute befinden sie sich jedoch oftmals in einem erbarmungswürdigen, verwahrlosten Zustand, da eine neue Generation ihren sportlichen Betätigungen in «Studios» nachgeht. Ein Trend jagte den nächsten, von der Aerobic-Welle der 1980er Jahre bis hin zu Hatha Yoga und Pilates in unserer Zeit. Und anders als die Freizeitsportler der «Trimm-Dich-Bewegung» kann hier vor der Konkurrenz nur bestehen, wer das jeweils richtige Outfit trägt.

86. War Steffi Graf erfolgreicher als Boris Becker? Zwei Teenies aus Baden machten sich in den 1980er Jahren auf den Weg in die Tennis-Weltklasse: Steffi Graf aus Bühl war 1984, als alles begann und sie binnen eines Jahres von Platz 97 auf Platz 40 der Weltrangliste vorstieß, 15 und Boris Becker aus Leimen 16 Jahre alt. Begabt, ambitioniert und ausgestattet mit hoch dotierten Werbeverträgen setzten sie zum großen Sprung an und bescherten der einstigen «Edelsportart» Tennis einen ungeahnten Popularitätsschub. Beide schlugen den kleinen Ball ungewöhnlich variantenreich, und vor allem Becker begnügte sich nicht mit dem Top-Spin-Gewürge jener, die die schwedische Tennislegende Björn Borg nachahmen wollten. Imponierend auf viele wirkte nicht zuletzt sein Kampfgeist, «Bulldog Spirit» nannten dies die Briten. 1985 wurde Becker der jüngste Wimbledon-Sieger aller Zeiten und entzückte die Engländer. Als zuletzt deutsche Tennisspieler Endrunden in diesem wichtigsten Tennisturnier der Welt erreichten, war Becker noch gar nicht geboren. Vor dem Zweiten Weltkrieg hatte Baron Gottfried von Cramm dreimal im Finale gekämpft und dreimal verloren; 1967 trat Wilhelm Bungert im Endspiel an, auch er verließ den Center Court als Geschlagener, ohne die Briten stark zu beeindrucken. Anfang Juli 1985 jedoch stieg Boris Becker zum beliebtesten Deutschen bei den britischen Fans auf. Bei jedem gelungenen Schlag von «Bum-Bum-Boris», so die Zeitung Daily Telegraph, die damit Beckers Spitznamen erfand, jubelten Tausende, als sei er einer von ihnen. Im Jahr darauf gewann Becker erneut, und 1989 konnte er seinen Wimbledon-Erfolg noch einmal wiederholen. Steffi Graf, der noch mehr unbedingter Ehrgeiz nachgesagt und die von ihrem geschäftigen Vater angetrieben wurde, gewann 1988 zum ersten Mal bei den All England Championships in Wimbledon und konnte anschließend den knipsenden Fotojournalisten die gewonnene Silberschale präsentieren. Die Tennis-Koryphäe schlug in den folgenden Jahren so ziemlich jede Konkurrentin aus dem Feld. Sechs weitere Male noch gewann die Ausnahmeathletin das bedeutendste Rasenturnier der Welt. Nimmt man noch andere Bestleistungen hinzu und zählt die Erfolge in den Grand-Slam-Turnieren, kann das Resultat im internen Rennen gegen Becker nur lauten: Spiel, Satz und Sieg für Graf.

87. Wer ist der beste deutsche Schriftsteller? Diese Frage kann so natürlich nicht beantworten werden, denn bekanntermaßen lässt sich über literarischen Geschmack trefflich und ergebnislos streiten. Glaubt man jedoch den internationalen Wertschätzungen und Ehrungen, so sind es Heinrich Böll und Günter Grass. Im Jahr 1972 wurde Heinrich Böll mit dem Nobelpreis für Literatur ausgezeichnet. Erstmals seit 1929, als das Komitee Thomas Mann den Preis zuerkannt hatte, erhielt damit wieder ein Deutscher diese renommierte Auszeichnung. Das Nobelkomitee rühmte Bölls «zeitgeschichtlichen Weitblick», womit er erneuernd in der deutschen Literatur gewirkt habe. Sein realistisches Schreiben thematisierte die sozialen und geistigen Missstände in der westdeutschen Gesellschaft, so etwa im Roman «Ansichten eines Clowns». Böll engagierte sich auch politisch, vor allem in der Friedensbewegung. 27 Jahre später, im Jahr 1999, konnte für das traditionelle «Familienfoto» der Gewinner der Nobelpreise auch Günter Grass posieren. Er erhalte den Preis, so teilte die Schwedische Akademie mit, «weil er in munter schwarzen Fabeln das vergessene Gesicht der Geschichte gezeichnet hat». Günter Grass gelang mit dem Jahrhundertroman «Die Blechtrommel» (1959) der Anschluss an die Weltliteratur und er wurde zu dem am meisten verehrten und gelesenen deutschsprachigen Literaten nach 1945. In seiner Heimat von Anfeindungen nicht verschont, ist Grass, so könnte man bilanzieren, noch vor Böll der wichtigste Repräsentant deutscher Gegenwartsliteratur.

«Made in Germany» – Die Wirtschaft

88. Wie sozial ist die soziale Marktwirtschaft? Im 60. Jahr ihres Bestehens schien es mit dem Paradestück der deutschen Nachkriegsgeschichte nicht gut bestellt zu sein. Die renommierte Bertelsmann-Stiftung förderte 2008 in einer repräsentativen Umfrage bedenkliche Einschätzungen zu Tage: Mehr denn je zweifelten die Deutschen an der sozialen Marktwirtschaft. Nur noch 31 Prozent der Bundesbürger hatten eine gute Meinung über das Wirtschaftssystem der Bundesrepublik. Zudem empfanden 73 Prozent die Einkommens- und Vermögensverteilung als ungerecht. Kapitalismuskritik war dabei in den ostdeutschen Bundesländern besonders ausgeprägt, hier hielten 53 Prozent der Befragten die soziale Marktwirtschaft für schlecht und nur 19 Prozent schätzten sie. Aber auch in den Ländern der «alten» Bundesrepublik sah es nicht gut aus: 35 Prozent gaben der sozialen Marktwirtschaft die Note mangelhaft, nur 34 Prozent beurteilten sie freundlicher.

Ist die soziale Marktwirtschaft, die in Ludwig Erhards Buchtitel von 1957 «Wohlstand für alle» ihr populärstes Versprechen fand, also unsozial? Welches waren ihre Kerngedanken? Den Begriff «soziale Marktwirtschaft» prägte der Ökonom Alfred Müller-Armack, der an der Universität Münster lehrte. Doch die Idee an sich hatte viele Väter. Vor allem Vertreter der so genannten Freiburger Schule der Nationalökonomie hatten sich seit den 1930er Jahren Gedanken über eine neue Wirtschaftsordnung gemacht. Müller-Armack bezeichnete mit seinem neuen Begriff eine, wie er es selbst nannte, «dritte wirtschaftspolitische Form» zwischen liberaler Marktwirtschaft und sozialistischer Planwirtschaft. In seinem Buch schrieb er, «dass uns die Marktwirtschaft notwendig als das tragende Gerüst der (...) Wirtschaftsordnung erscheint, nur dass dies eben keine sich selbst überlassene liberale Marktwirtschaft, sondern eine bewusst gesteuerte und zwar sozial gesteuerte Marktwirtschaft sein soll». Der Staat sollte demnach die sozial unerwünschten Auswirkungen der Marktwirtschaft auch in Gestalt einer ausgeprägten Sozialpolitik korrigieren.

Die Vaterschaft für diese Idee reklamierte dann allerdings sehr schnell Ludwig Erhard für sich. Als Wirtschaftdirektor der Bi-Zone hob er am 25. Juni 1948 die Preiskontrolle auf, was heute als Startschuss für das Wirtschaftswunder gilt. Damals füllten sich von einem Tag auf den anderen wieder die Regale in den Läden, der Schwarzmarkt verschwand und die Produktion in den Fabriken zog an. Nur vier Tage zuvor hatten die Deutschen ihre fast wertlos gewordene Reichsmark in die neue D-Mark umtauschen dürfen; die Währungsreform galt den Zeitgenossen als größter Einschnitt der unmittelbaren Nachkriegszeit.

Wirtschaftsminister Ludwig Erhard stieg zum beliebtesten Politiker in Westdeutschland auf. Man darf aber nicht übersehen, dass die soziale Marktwirtschaft kein System war, das ein für alle Mal fertig war, sondern eine evolutionäre, also ständig veränderbare Ordnung darstellt, die flexibel auf neue Herausforderungen reagiert. Die Wissenschaft unterscheidet heute drei Phasen: die erste umfasst das Jahrzehnt zwischen 1948 und 1958, hier wurde die soziale Marktwirtschaft praktisch in Politik und Gesellschaft eingepflanzt; zwischen 1959 und 1973 erreichte die Ordnung ihre Blütezeit, geprägt durch Vollbeschäftigung und boomender Wirtschaft; seit der dritten Phase ab 1974 verblasste das Erfolgsmodell immer mehr, da internationale Wirtschaftskrisen und die Globalisierung ganz neue Rezepte erforderten. Dass Marktwirtschaft und soziale Gerechtigkeit aus ihrem Gegensatz herausgeführt werden sollen und staatliche Eingriffe notwendig sind, bleibt als Grundgedanke hochaktuell. Doch das Missverständnis beginnt dort, wo man glaubt, auch heute noch würde das deutsche Modell genauso funktionieren können wie in den 50er und 60er Jahren. Der damalige außergewöhnliche Boom mit nie wieder erreichten Wachstumsraten flankierte die soziale Marktwirtschaft à la Erhard. Manches spricht dafür, dass es ein Schönwetterkonzept war.

89. War das «Wirtschaftswunder» tatsächlich ein Wunder? Das «Wirtschaftswunder» gehört zum festen Bestandteil deutscher Identität. Und es ist verständlich, dass viele es gerne so sehen mochten und heute noch möchten, dass der Verlierer des Weltkrieges durch eigene Leistung zum ökonomischen Sieger aufgestiegen sei. Doch Wissenschaftler haben sich in den vergangenen dreißig Jahren viel Mühe damit gegeben, das Wirtschaftswunder von der Aura des Wundersamen, also Unerklärlichen, zu befreien. Herausgekommen sind komplizierte Darlegungen, die helfen, die ganz und gar einmalige Boomphase der westlichen Weltwirtschaft zwischen 1950 und 1973, als mit dem Ölpreisschock alles endete, zu erklären. Nie zuvor hat es eine so stürmische Hochkonjunktur gegeben, weder in der deutschen noch in der internationalen Geschichte. Das Realeinkommen pro Kopf verdoppelte sich in der Bundesrepublik zwischen 1950 und 1960, und bis 1973 verdreifachte es sich sogar. Im Durchschnitt lagen die Wachstumsraten der Jahre von 1950 bis 1975 bei 6,5 % pro Jahr, die Investitionsquote war extrem hoch und auf dem Arbeitsmarkt herrschte Vollbeschäftigung.

Eine äußerst umstrittene Erklärung für die Boomphase sehen manche Wissenschaftler in der Existenz von «Langen Wellen» der Konjunkturentwicklung, wonach etwa alle 25 Jahre auf einen Abschwung ein Aufschwung folge. Andere wiederum meinen, Europa habe sich nach dem Krieg gegenüber den USA in einer Aufholjagd befunden, was die Ökonomie anfeuerte. Recht viel Erklärungskraft steckt in der «Rekonstruktionsthese», die besagt, dass vor allem das deutsche Produktionspotential infolge des Krieges von seinem Pfad, der steil nach oben ging, abgekommen, nach dem Krieg jedoch wieder auf ihn zurückgekehrt sei. Ermöglicht wurde dies, da entgegen dem Augenschein der Zerstörungsgrad keineswegs außerordentlich hoch war. Setzt man noch internationale Rahmenbedingungen hinzu, wie das Währungssystem von Bretton Woods und liberale Zollabkommen, und nicht zuletzt den Korea-Krieg 1950–1953, dann wird das «Wunder» erklärlich. Da die USA in den Koreakrieg verwickelt waren und wegen des eigenen Bedarfs ihrer Rüstungswirtschaft die Märkte der Welt nicht mehr ausreichend mit Gütern versorgen konnten, gelang es der Bundesrepublik und übrigens auch Japan, in diese Lücke zu stoßen. Hinzu kam, dass der Zerstörungsgrad der deutschen Industrie nicht so hoch war, wie man unmittelbar nach dem Krieg befürchtet hatte. Dank ihrer Exportkapazität wurde die westdeutsche Wirtschaft schnell in den Weltmarkt integriert. Das Gütesiegel «Made in Germany» bekam bald wieder einen guten Klang. Von Jahr zu Jahr kletterte das Bruttosozialprodukt, also der Wert aller Güter und Dienstleistungen, steil nach oben, von 79 Milliarden D-Mark 1949 auf 303 Milliarden im Jahr 1960. Es waren die 1950er und frühen 1960er Jahre, in denen die Bundesrepublik Deutschland wirtschaftlich zu einer Weltmacht wurde, die 1960 mit ihren Kapazitäten bereits hinter den USA an zweiter Stelle rangierte. Natürlich dürfen deutsche Besonderheiten nicht vergessen werden: eine enorme Leistungsbereitschaft der Menschen nach dem Krieg, ferner die gut ausgebildeten Facharbeitskräfte, die bis zum Mauerbau 1961 auch von Ostdeutschland nach Westdeutschland kamen.

Schließlich spielten die Gewerkschaften, die Lohnsteigerungen von über acht Prozent durchsetzen konnten, ebenso mit wie die Arbeitgeber.

90. Schon einmal «MiFriFi» gehört? Kein Jahrzehnt war so optimistisch wie die dynamischen 1960er. Das betraf auch die Politik, die von einer nie da gewesenen Gestaltungsfreude, ja einer Planungseuphorie erfasst wurde. Diese rationale, wissenschaftsgestützte Planung half der Großen Koalition, die kurze Rezession von 1966/67 zu überwinden. Das Publikum staunte über die neuen, betörenden ökonomischen Wortschöpfungen, die wie Zauberformeln klangen: Vorausschauende Arbeitsmarktpolitik, aktive Konjunkturpolitik, gesamtwirtschaftliche Rahmenplanung, Globalsteuerung – alles lief auf eine antizyklische Konjunkturpolitik im Sinne des britischen Ökonomen John Maynard Keynes und der «New Economics» hinaus, womit eine neue, eine zweite Phase der bundesdeutschen sozialen Marktwirtschaft eingeläutet wurde. Wirtschaftsminister Karl Schiller (SPD), Professor der Nationalökonomie, erwies sich als Meister der (Selbst-)Darstellung. Er verband verblüffend-präzise Analysen mit originellen Wortschöpfungen. Seine verbale Brillanz wurde durch sein progressiv-modisches «Outfit» noch unterstrichen, es gab niemals einen besser gekleideten und charmanter, ja anmutiger auftretenden Wirtschaftsminister. «Staatliche Planung» umgab somit ein Flair des Fortschrittlichen. Vergessen war, dass man wenige Jahre zuvor Planung mit kommunistischer Plan- und Kommandowirtschaft gleichgesetzt hatte. Wenn Schiller davon sprach, man befinde sich «auf der Talsohle der Konjunktur», begriffen alle erleichtert, dass es bald wieder aufwärts gehen werde, denn tiefer als bis zur Talsohle ging es ja nicht. Herzstück des «Gesetzes zur Förderung der Stabilität und des Wachstums der Wirtschaft», das im Juni 1967 verabschiedet wurde, war die «Konzertierte Aktion» zwischen den Sozialpartnern. Als Grundlage dieses «Stabilitätsgesetzes» fungierte das «Magische Viereck»: Wirtschaftswachstum, Preisstabilität, Vollbeschäftigung und außenwirtschaftliches Gleichgewicht.

Die antizyklische Konjunkturpolitik war ein Gemeinschaftswerk von Wirtschaftsminister Schiller und dem wieder in die Bundespolitik zurückgekehrten Finanzminister Franz Josef Strauß (CSU), der vom Sparsamkeitseifer seiner Vorgänger abrückte und eine dosierte Staatsverschuldung für vertretbar hielt, wenn damit die Konjunktur angekurbelt werden konnte. Die «Mittelfristige Finanzplanung» für die Jahre 1967 bis 1971 sollte eine mehrjährige Ressourcenplanung für die Aktivitäten einzelner Ressorts festlegen. Betört vom kongenialen Auftreten der beiden Minister, die sich erstaunlich gut verstanden und frei nach Wilhelm Busch als «Plisch und Plum» bezeichnet wurden, nannte der Volksmund diese Planung liebevoll «MiFriFi». Später erwies sich freilich, dass «MiFriFi» an Zauberkraft einbüßte. Denn die Komplexität der Wirklichkeit ließ sich kaum erfassen; einerseits bestand ein Mangel an relevanten Informationen, andererseits wiederum ein Überangebot an Informationen, das nicht bewältigt werden konnte. Die größte Unbekannte in der MiFriFi-Gleichung war jedoch der Eigensinn der Planer, Verwalter oder «Beplanten»: Menschen tun nicht immer, was man von ihnen erwartet.

91. Waren die «Gastarbeiter» wirklich Gäste? Gäste lässt man gewöhnlich nicht für sich arbeiten – folglich können «Gastarbeiter» auch keine Gäste sein. Woher kommt also der Begriff? Als «Gastarbeiter» wurden von den 1950er bis in die 1980er Jahre im öffentlichen Sprachgebrauch der Bundesrepublik ausländische Arbeitnehmer bezeichnet, die infolge der Anwerbeabkommen nach Deutschland kamen. Wegen des akuten Mangels an Arbeitskräften drängte die deutsche Wirtschaft zu solchen Verträgen, die die Bundesrepublik insbesondere mit Mittelmeerstaaten, darunter Italien, Türkei, Spanien, Portugal, Griechenland, Marokko, Tunesien und Jugoslawien, schloss. Ausländische Beschäftigte aus westlichen Staaten wurden hingegen nicht Gastarbeiter genannt. Offiziell, das heißt verwaltungsintern, wurde generell von «ausländischen Arbeitnehmern», im europäischen Kontext auch von «Wanderarbeitnehmern» gesprochen. Die heutige Bezeichnung lautet: «Arbeitsmigranten». Unter «Gastarbeiter» versteht man genau genommen die Zuwanderer der ersten Generation, also diejenigen der 1960er und 1970er Jahre. Ohne diese wäre der deutsche Wirtschaftsboom in sich zusammengebrochen.

Die Beschäftigung von ausländischen Arbeitern in der deutschen Industrie war keine Erfindung der Nachkriegspolitik. Zur Zeit des ersten Anwerbeabkommens 1955 mit Italien war die – später vergessene – Erinnerung an die millionenfache Beschäftigung von Russen, Polen, Italienern und Belgiern in der deutschen Schwerindustrie und in der ostelbischen Landwirtschaft seit Beginn des 20. Jahrhunderts noch frisch. Man hatte sie «Fremdarbeiter» genannt, genauso wie die während der beiden Weltkriege millionenfach beschäftigten Zwangsarbeiter. Im Sommer 1944 waren ein Viertel der im Deutschen Reich beschäftigten Menschen «Fremdarbeiter», davon knapp 6 Millionen zivile Zwangsarbeiter und knapp 2 Millionen Kriegsgefangene. Um die «neue» Ausländerbeschäftigung seit den 1950er Jahren von der jüngeren Vergangenheit abzugrenzen, wurde in der Bundesrepublik – im Gegensatz etwa zur Schweiz – nicht mehr der Begriff «Fremd-», sondern statt dessen der beschönigende Begriff «Gastarbeiter» benutzt. Die traditionellen Arbeitsmigrationsbeziehungen der deutschen Wirtschaft gerieten dadurch in Vergessenheit.

Der Begriff «Gastarbeiter» beinhaltet darüber hinaus ein bestimmtes Prinzip der Ausländerbeschäftigung: die Rotation. Erwünscht war, dass der ausländische Arbeitnehmer nach einer gewissen, etwa drei Jahre dauernden Zeit, wieder in sein Heimatland zurückkehrt und durch einen neuen, «frischen» und motivierten «Gastarbeiter» ersetzt wird. Diese Vorstellung herrschte keineswegs allein in politischen Kreisen der Zielländer, sondern auch unter den einzelnen «Gastarbeitern» selber vor, die zunächst in kurzer Zeit viel Geld verdienen und dieses in der Heimat wieder neu investieren wollten. Als diese Sparziele nicht erreicht werden konnten und als zudem die deutschen Unternehmen wünschten, die gut eingearbeiteten Arbeitskräfte nicht gleich wieder zu verlieren, blieb die Rotation auf der Strecke. Die verbesserte Rechtsstellung hinsichtlich der Aufenthaltsansprüche wirkte in die gleiche Richtung. Vor allem in den 1970er Jahren geriet der Begriff Gastarbeiter als Euphemismus unter starke Kritik. So startete beispielsweise der WDR 1972 ein Preisausschreiben, bei dem ein passender Alternativbegriff gesucht wurde. 32 000 mehr oder weniger skurrile Vorschläge gingen daraufhin ein, z. B. «Boombändiger», «Engpasshelfer», «Kumpelino» oder, völlig «abgedreht», «sonnengereifter Produktionsverstärker». Die Abgrenzung zur Begrifflichkeit der Nationalsozialisten gelang übrigens nicht ganz: Bereits 1941 hatte es im Reichsarbeitsblatt Überlegungen zu einer europäischen Nachkriegsökonomie gegeben, in denen von «Gastarbeitnehmern» die Rede war, die aus Kontinentaleuropa nach Deutschland zur Arbeit herangezogen werden sollten.

92. Wer war erfolgreicher, der Käfer oder der Golf? Deutschland ist die Wiege der Weltreligion Auto, und unter den Propheten dieser Religion stechen zwei heraus: der Käfer und der Golf. Vom Volkswagen-Konzern wurde der Käfer von 1938 bis 2003 gebaut, der Golf wird seit 1974 produziert.

Dass die Ursprünge des Käfers im Nationalsozialismus lagen und die Führung des «Dritten Reiches» einen «Volkswagen» für die «Volksgemeinschaft» fabrizieren wollte, wird heute oft vergessen. Tatsächlich startete die Serienproduktion erst nach 1945, und mit dem Export in die USA und viele andere Länder der Welt stieg der VW-Käfer zum Symbol des deutschen Wirtschaftswunders und der Massenmotorisierung auf. Am 5. August 1955 verließ der millionste Käfer die Fabrik in Wolfsburg. Nach Deutschland waren die USA der wichtigste VW-Markt. Dort reüssierte der Käfer als Gegenkultur zu den Straßenkreuzern. Er war erschwinglich, robust und «knuffig». Der «Beetle» feierte in den 1960er Jahren ferner als Filmstar Erfolge, was seinen Kultstatus noch erhöhte. In sechs Filmen rührte «Herbie», der «tolle Käfer» mit den menschlichen Eigenschaften, die Herzen der Zuschauer; er kämpfte gegen Bösewichte und führte Liebende zusammen. Darüber hinaus ist der Käfer eines der wenigen Industrieprodukte, das Künstler verschiedener Sparten zur Ver- und Bearbeitung inspirierte. In besonderer Weise trifft dies für die Werbung zu. Eine New Yorker Werbeagentur entwarf seit 1959 mittlerweile legendäre Slogans, darunter «Es gibt Formen, die man nicht verbessern kann» – zu sehen war ein Ei mit den aufgemalten Konturen des Käfers – oder, der bekannteste, «Er läuft und läuft und läuft».

Am 1. Juli 1974 lief der letzte Käfer aus Wolfsburg vom Band, anschließend wurde die Produktion nach Mexiko verlagert, bis man sie 2003 endgültig einstellte. 1985 endete der Verkauf des Käfers in Europa, was so manchen Fan traurig stimmte und privaten Importeuren ein gutes Geschäft bescherte. Volkswagen reagierte Mitte der 1990er Jahre darauf und versuchte, den Mythos wiederzubeleben, indem der Konzern das Modell «New Beetle», das stark an den ursprünglichen Käfer erinnerte, im mexikanischen Puebla herstellen ließ. Dieser lief jedoch mit einem Golf-Motor.

Seit 1974 ist der Golf die Basisversion des deutschen Autos, so wie zuvor der Käfer. Mehr als 130 Konkurrenzmodelle machen die Kompaktklasse, die nach dem Marktführer «Golf-Klasse» genannt wird, zu dem am härtesten umkämpften Segment des Automobilmarktes überhaupt. Der Golf I rollte Ende März 1974 vom Band des Wolfsburger VW-Werkes. Offiziell nannte man ihn «Mehrzwecklimousine». Seine dezente Form – von Giorgio Guigiaro in Italien gezeichnet –, die niemanden verprellte, wurde über die Modellgenerationen bis zum Golf VI, der 2008 auf den Markt kam, hinweg nur vorsichtig geändert. Ein Volks-Wagen im besten Sinne war der Golf anfangs durch seinen relativ volkstümlichen Preis. Außerdem symbolisierte er das klassenlose Auto schlechthin. Vom Unternehmer bis zum Studenten – jeder konnte Golf fahren. Und Trendforscher sprachen von der «Generation Golf», um im Wohlstand aufgewachsene junge Menschen in der Bundesrepublik der 1990er Jahre zu charakterisieren, denen es an nichts mangelte.

Doch zurück zu den Zahlen und zur Frage, wer erfolgreicher war. Wer hatte bei den Produktionszahlen die Nase vorn? Der Käfer oder der Golf? Es ist der Golf. Am 25. Juni 2002 waren 21,5 Millionen Golf gebaut, erstmals mehr als vom Käfer. Bis heute sind es mehr als 26 Millionen. Und der Golf läuft und läuft und läuft ...

93. Warum gab es einen Lastenausgleich und wer bekam ihn?
«Kriegsfolgenbewältigung» – dieses Wortungetüm ist ein Kernbegriff für die sozialpolitischen Aufgaben im Gründungsjahrzehnt der Bundesrepublik. Wie sollte die Hilfe für jene Bevölkerungsgruppen aussehen, die vom Zweiten Weltkrieg und dessen Folgen am stärksten betroffen waren? Es ging um Flüchtlinge und Vertriebene, um Kriegsopfer und Kriegssachgeschädigte, insgesamt fast 18 Millionen Menschen. Mit dem am 14. August 1952 verabschiedeten Gesetz über den Lastenausgleich begann die größte Wirtschafts- und Finanztransaktion der deutschen Geschichte vor der deutschen Wiedervereinigung 1989/90. Lastenausgleich bedeutete, dass zwischen den betroffenen und den nicht geschädigten Bevölkerungsteilen Vermögensschäden und -verluste ausgeglichen werden sollten. Das Gesetz, das 34-mal geändert und erweitert wurde, sah vor allem Ausgleichsleistungen vor: Hilfen zur Eingliederung und zum laufenden Lebensunterhalt, Kriegsschadensrenten, Hausratsentschädigung und Aufbaudarlehen, um Wohnraum zu beschaffen oder sich eine berufliche Existenz aufzubauen. Die Hauptentschädigung setzte ab 1957 ein und betraf Verluste an Einheitswertvermögen, Sparguthaben und Wertpapieren. Dass es dabei allerdings nicht zu einer Vermögensumschichtung kam, lag im Verfahren begründet und war beabsichtigt; es sollte keine Umverteilung geben, so das Credo der Regierung Adenauer. Die Abgabenschuld wurde deshalb über einen sehr langen Zeitraum «verrentet», d. h. die Abgaben waren de facto

lediglich nach dem Vermögen bemessene Sondersteuern - durchschnittlich sind sie mit 10% belastet worden -, die weitgehend aus den laufenden Einkommen und Erträgen bestritten werden konnten. Es war eine Jahrhundertaufgabe: Insgesamt beliefen sich die Gesamtausgaben im Lastenausgleich bis 2001 auf rund 145 Mrd. D-Mark. Vermutlich war die politisch-psychologische Bedeutung des Lastenausgleichs insgesamt noch wichtiger als die realwirtschaftlichen Effekte. Er wurde zum Symbol für die gelungene Integration der Flüchtlinge und Vertriebenen in die bundesdeutsche Gesellschaft.

94. Warum wollte man weg vom Öl und baute Kernkraftwerke?

«Weg vom Öl» - dieses politische und ökonomische Schlagwort entstand nach der Ölpreiskrise 1973/74, ist jedoch bis heute nicht eingelöst. Rohöl war und ist der Lebenssaft der industriellen Welt. Nicht erst seit diesem «Ölschock» setzte man in der Bundesrepublik auf Atomkraft, doch der Energieengpass bot ein zusätzliches Argument. Seit den 1950er Jahren gab es eine regelrechte Atomeuphorie - Wissenschaftler und Politiker priesen gleichermaßen die Segnungen der friedlichen Atomnutzung. Eine nie versiegende und saubere Energiequelle, die offenbar allen Wohlstand versprach, schien gefunden. Auch die Bundesrepublik durfte zehn Jahre nach dem Ende des Zweiten Weltkrieges wieder Atomforschung betreiben und der Minister für Atomfragen Franz Josef Strauß träumte wie so viele von atomgetriebenen Autos und Flugzeugen: «Wohnsitz und Dienstsitz sind für mich jetzt Bonn», sagte er bei Amtsantritt 1955, «mein politischer Ausgangspunkt ist Bayern. Vielleicht habe ich bald als Ergebnis meiner Tätigkeit ein Atomauto oder ein Atomflugzeug, dann schaff' ich beides.» 1964 lief das Atomschiff «Otto Hahn» vom Stapel. Es sollte die Überlegenheit der Atomkraft in der zivilen Schifffahrt demonstrieren, der Versuch wurde aber 1978 - bis dahin war eine halbe Milliarde D-Mark in das Vorhaben investiert worden - eingestellt. Schon 1961 ging der erste deutsche Eigenbaureaktor, der nur Forschungszwecken diente, in Betrieb. Seit den 1970er Jahren wurde die Atomkraft weltweit und auch in der Bundesrepublik - hier mit dem Reaktortyp des «Schnellen Brüters» - mit Vehemenz ausgebaut, doch zugleich entstand eine große «Atomkraft? Nein Danke»-Bewegung und außerdem häuften sich Stör- und Unfälle - vom amerikanischen Harrisburg 1979 bis zu Tschernobyl 1986. In Deutschland schien die Atomkraft seit den Beschlüssen der rot-grünen Bundesregierung

2000 am Ende, doch weltweit steht sie vor einem Comeback. Der internationale Kampf gegen den Klimawandel begünstigt jene Stromerzeugungstechnologien, bei denen wenig CO_2-Mengen ausgestoßen werden - die Atomkraft gehört dazu. Außerdem befördern die steigenden Ölpreise wie in den 1970er Jahren die Kernenergie. Sie gilt vielen - nicht zuletzt in den energiehungrigen Schwellenländern - wieder als das kleinere Übel, obwohl die Entsorgung der strahlenden nuklearen Abfälle bisher nicht gelöst werden konnte.

95. Was bedeutet «G7» und warum sind es heute 8? Alles begann mit einem Krisenmanagement. Nachdem der große Wirtschaftsboom der Nachkriegszeit mit der Ölkrise 1973/74 dramatisch einknickte und in eine Weltwirtschaftskrise umschlug, ergriffen der deutsche Bundeskanzler Helmut Schmidt (SPD) und der französische Präsident Valéry Giscard d'Estaing die Initiative. Die Industrienationen müssten an einem Strang ziehen und sich über die Wirtschafts- und Währungspolitik besser abstimmen; nur so könne es zu neuen Impulsen für die Konjunktursteuerung kommen und verhindert werden, dass die Krise unkontrollierbar aus den Händen gleite. Erstmals trafen sich die Staatschefs der Bundesrepublik Deutschland, Frankreichs, Großbritanniens, Italiens, Japans und den USA im November 1975 auf Schloss Rambouillet in der Nähe von Paris zu einem Kamingespräch. 1976 wurde die Gruppe auf dem Gipfel von San Juan in Puerto Rico um Kanada erweitert - die «Gruppe der 7» (G7) war geboren. Seither kam dieser «Klub» jährlich an jeweils anderen Orten zusammen, koordinierte die ökonomischen Probleme, sprach zunehmend aber auch über politische und militärische Angelegenheiten, die sich in der Zeit des zweiten Kalten Krieges der 1980er Jahre in den Vordergrund schoben. Nach dem Zusammenbruch der Sowjetunion luden die G7 seit 1991 Russland zu einem politischen Dialog ein, der jeweils im Anschluss zu den offiziellen G7-Beratungen stattfand. Seit dem Treffen in Birmingham 1998 firmiert Russland als Vollmitglied der G8 auf Gipfelebene, während die ökonomisch entscheidenden Finanzministertreffen immer noch exklusiv im G7-Kreis stattfinden. Ab den 1990er Jahren diskutierte der Gipfel immer öfter über umwelt- und entwicklungspolitische Themen vor dem Hintergrund der Globalisierung. Begleitet wurde er zunehmend von machtvollen Protestbewegungen von Globalisierungsgegnern; die einst vertraulichen Kamingespräche sind heute weltweite Großveranstaltungen, die nicht immer friedlich verlaufen. Anlässlich des G8-Gipfels in Genua 2001 mündeten die Proteste in Straßenschlachten. Fünfmal war bisher die Bundesrepublik das Gastgeberland der Treffen, zuerst 1978 in Bonn und zuletzt 2007 in Heiligendamm.

96. Seit wann ist die Rente sicher und ist sie es wirklich? Das Foto fand sich in zahlreichen Zeitungen, und die Aktion sollte ja auch werbewirksam sein. Zum Bundestagswahlkampf im März 1987 stand ein kleiner Mann freudestrahlend auf einer Leiter und klebte mit einem dicken Besen auf eine Litfasssäule das große Plakat, auf dem in fetter Schrift zu lesen war: «denn eins ist sicher: Die Rente.» Es handelte sich um Norbert Blüm (CDU), Bundesminister für Arbeit und Sozialordnung, der dieses Amt genauso lange bekleidete, wie Helmut Kohl Bundeskanzler war, von 1982 bis 1998 – das machte ihm keiner nach. Aber dieser Spruch, dass die Rente sicher sei, war leichtfertig und in einer Zeit gesprochen, als jeder Politiker sehen konnte, wie überdehnt der deutschen Sozialstaat mittlerweile war. Dass die Deutschen nach 1945 auf der Suche nach Sicherheit waren und das Risiko mieden, ist verständlich und hängt vor allem mit ihrer Katastrophengeschichte in der ersten Hälfte des 20. Jahrhunderts zusammen. «Sicherheit» stieg zu einem der Schlüsselbegriffe bundesdeutscher Geschichte auf, und im Zentrum sozialpolitischer Sicherheit stand dabei immer die Rente. Für viele Deutsche stellte deshalb die Rentenreform von 1957 die wichtigste sozialpolitische Errungenschaft dar. Dieser Eindruck ist nicht falsch, aber es wurden Fehler in das System eingebaut, die nur noch schwer zu korrigieren waren. Die beiden Kerne dieser Jahrhundertreform waren die dynamische Rente und das Generationenprinzip. «Dynamisch» hieß, dass die Renten in gewissen Abständen den Löhnen und Gehältern angepasst wurden; damit sollten die Rentner am Wirtschaftswachstum teilhaben. Das Prinzip der Generationensolidarität bedeutete: die arbeitende Generation erbringt aus ihren aktuellen Beiträgen zur Rentenversicherung die Leistungen für die nicht mehr arbeitende Generation. So revolutionär dieses System in Zeiten des Wirtschaftsbooms war, es konnte auch zur Belastung werden. Was würde geschehen, wenn es zur Massenarbeitslosigkeit kam, wenn es zu wenige Beitragszahler gab? Außerdem benachteiligte dieses System, das auf die Erwerbsarbeit zugeschnitten war, die häusliche Arbeit, etwa bei der Kindererziehung, die nicht «vergütet» wurde.

Zum Bundestagswahlkampf 1972 lieferten sich die beiden großen Volksparteien CDU/CSU und SPD noch einen Überbietungsstreit: Wer versprach den Rentnern am meisten? Damit war es in der Folgezeit zu Ende. Nach der Weltwirtschaftskrise seit 1974 wurde 1977 die Rentenformel zum ersten Mal geändert, und für die jährlichen Erhöhungen legte man nicht mehr das Bruttoeinkommen zugrunde, sondern das Nettoeinkommen. Seither ist immer ein wenig neu justiert worden, um den Eindruck aufrechtzuerhalten, dass die Rente sicher sei. Erst die «Agenda 2010» der rot-grünen Regierung, die tiefen Einschnitte in das Sozialsystem, die notwendige Eigenvorsorge («Riester-Rente») sowie die eingeführte «Rente mit 67», machten deutlich, dass kecke Wahlkampfsprüche allein nicht ausreichen. Denn mag im Leben auch vieles sicher sein, die Rente ist es nicht.

97. Warum waren die Deutschen stolz auf die D-Mark? Um dies besser verstehen zu können, muss man etwas weiter ausholen. Die galoppierende Inflation nach dem Ersten Weltkrieg, die in den 1920er Jahren in eine Hyperinflation überging und zum Verlust von riesigen Geldwerten führte, wirkte wie ein Trauma auf die Deutschen. Dass es nach dem «Dritten Reich», das eine Wirtschaft auf Pump betrieben hatte, und dem Zweiten Weltkrieg ähnlich würde, davon musste man ausgehen. Doch es kam anders. In der Währungsreform von 1948 sahen die meisten Deutschen die eigentliche Gründung der Bundesrepublik. Im Zuge des Wirtschaftswunders in den 1950er und 1960er Jahren gewann die Deutsche Mark rasch an Bedeutung und wurde nach dem Dollar eine internationale Anlage- und Ankerwährung. Sie stand für deutsche Wertarbeit und diese fußte auf den Leistungen der Menschen, woraus sich der Stolz nährte. Als Hüterin der Währung agierte die Bundesbank; sie setzte auf eine fast absolute Preisstabilität und mied die Inflation wie der Teufel das Weihwasser. Ausländische Beobachter belächelten oder kritisierten dies oft und spotteten über den «Bundesbunker».

Die Deutschen lebten in einer gespaltenen Nation. Und infolge des Missbrauchs von Fahnen, Hymnen und anderen traditionellen nationalen Symbolen durch die Nazis schien ein Nationalgefühl extrem vorbelastet. Vielen galt daher die Deutsche Mark als die Quelle von nationaler Identität. Dies verächtlich «DM-Nationalismus» zu nennen, wie es einige Intellektuelle zu tun pflegten, erscheint vor dem Hintergrund der Erfahrungsgeschichte der Deutschen ziemlich hochnäsig. Mit dem Fortschreiten der europäischen Einigung verlor die D-Mark an Bedeutung, und 1999 trat die im Maastrichter Vertrag beschlossene dritte Stufe der europäischen Wirtschafts- und Währungsunion in Kraft – die nationalen Währungen wurden durch den Euro ersetzt. Nach einer dreijährigen Übergangszeit, in der der Euro nur als Buchgeld existierte, löste er am 1. Januar 2002 die D-Mark ab, die seither Geschichte ist. Doch bis heute, so haben Meinungsforscher herausgefunden, gibt es eine Art «D-Mark-Nostalgie», gerade in der älteren Generation, die über 50 Jahre eine oft emotionale Bindung an ihre Währung entwickelt hatte.

98. Gibt es ein Rezept gegen die Massenarbeitslosigkeit? Demjenigen, der ein solches Rezept präsentieren könnte, wäre der Nobelpreis für Wirtschaft sicher. Ob den Deutschen und nicht nur ihnen allein die Arbeit ausgeht und wie eine moderne Arbeitsgesellschaft aussehen sollte – diese Frage lässt seit den 1970er Jahren immer neuen Streit aufflammen, und je nach wirtschaftspolitischer Überzeugung wird sie unterschiedlich beantwortet. Grob lassen sich vier Konzepte unterscheiden.

Eine marktradikale Antwort wäre – erstens –, dass bei einer totalen Aufgabe von arbeitsrechtlichen Regelungen das «freie Spiel der Kräfte», also Angebot und Nachfrage, ein Gleichgewicht auf dem Arbeitsmarkt herstellen würde: Die Abschaffung von Kündigungsschutz, Lohnvorschriften, Lohnnebenkosten und Arbeitszeitbestimmungen würden zu einem Abbau der Massenarbeitslosigkeit führen. Dabei bedeutet allerdings ein ausgewogener Arbeitsmarkt mitnichten Vollbeschäftigung. Vielmehr ist ja weiterhin ein Angebot an Arbeitskraft – also Arbeitslosigkeit – nötig, damit dieses «Gut» nicht zu knapp wird, sein «Preis» nicht zu sehr steigt. Verfechter von staatsökonomischen Theorien hingegen würden – zweitens – argumentieren, dass es Aufgabe des Staates sei, genug zu investieren, um neue Arbeitsplätze zu schaffen. Reiche die Arbeit nicht für alle aus, könnte Arbeitszeitverkürzung bzw. verstärkte Teilzeitarbeit neue Stellen schaffen. Dies ist jedoch gerade bei hohen Zusatzkosten für den Arbeitgeber (z. B. durch die Lohnnebenkosten, die ja bei jedem neuen Arbeitnehmer ungeachtet des Lohnes für die geleistete Arbeitszeit anfallen) nicht überall finanzierbar. Würden auch hier die Hindernisse beseitigt und der Faktor Arbeit wäre so billig, dass verstärkt Arbeitsplätze bei bestehenden Produktionskategorien geschaffen würden, so ginge dies zulasten von ökonomisch notwendigen technischen Rationalisierungsmaßnahmen. Ein «dritter Weg» wird darin gesehen, von der Vorstellung einer erreichbaren Vollbeschäftigung Abstand zu nehmen und den Bürgern ein würdevolles Leben auch ohne feste Erwerbsarbeit zu ermöglichen. Hierzu sei ein steuerfinanziertes, «bedingungsloses Grundeinkommen» für jeden Bürger zu zahlen, wobei sich Erwerbslose verstärkt in ehrenamtlichen Tätigkeiten engagieren könnten. Es kann nicht überraschen: Auch dieser Weg ist in höchstem Maße umstritten. Wie sähe es - viertens - mit einer Mischung aus wirtschaftsliberalen und staatsinterventionistischen Rezepten aus? Dies erscheint der zurzeit verfolgte Kurs zu sein, der mit der «Agenda 2010» der rot-grünen Bundesregierung im Jahr 2003 begann. Er zielt darauf ab, Arbeitslose schneller wieder in Arbeit zu bringen, indem einerseits Leistungen für Arbeitslose gekürzt werden, Arbeitslosigkeit also weniger «attraktiv» sein soll, andererseits verschiedene Stufen von Arbeitsbedingungen eingeführt («2.» und «3.» Arbeitsmarkt), Arbeitsverhältnisse subventioniert und die private Arbeitsvermittlung - vorher ein staatliches Monopol in Deutschland - erlaubt wurden. Insgesamt soll so der Arbeitsmarkt «flexibler» gemacht werden, was indessen auch eine «Präkarisierung» von Arbeitsverhältnissen zur Folge hat, das heißt, dass diese für den Einzelnen unsicherer werden. - Es hilft nichts: Man wird sich weiter streiten müssen.

99. Wie kam es zur 35-Stunden-Woche? Der Trend zur Arbeitszeitverkürzung ist so alt wie die Industrialisierung selbst: 1875 arbeitete man in Deutschland 72 Stunden, 1900 60 Stunden, 1913 57 Stunden, 1941 50 Stunden, 1950 48 Stunden und 1956 kämpften die bundesdeutschen Gewerkschaften mit dem famosen Slogan «Samstags gehört Vati mir», den sie einem Kind in den Mund legten, für die 5-Tage-Woche. 1965 schließlich konnten sie die 40-Stunden-Woche durchsetzen. Doch damit schien das Ende der Fahnenstange erreicht zu sein, denn auf die Forderung nach der «35-Stunden-Woche» reagierten die Arbeitgeber in den 1970er und 1980er Jahren mit einem entschiedenen Nein. Eine geforderte Verringerung der Wochenarbeitszeit war dabei nicht nur symbolisch hoch brisant. Seitdem die Massenarbeitslosigkeit auf der Republik lastete, sahen die Gewerkschaften in ihr das geeignete Konzept, diese Geißel der modernen Arbeitsgesellschaft zu bekämpfen.

Erst 1995 – nun jedoch paradoxerweise entgegen dem umgekehrten Trend zur Arbeitszeitverlängerung – konnte die 35-Stunden-Woche in der Metallindustrie durchgesetzt werden, wenn auch nur in den alten Bundesländern. In anderen Tarifverträgen der 1990er Jahre wurde die 37,5- (Einzelhandel), die 38,5- (Öffentlicher Dienst), aber auch die 40-Stunden-Woche ein- oder weitergeführt. Seit 2003 müssen Beamte in Baden-Württemberg sowie seit 2004 auch in Nordrhein-Westfalen wieder 41 Stunden, in Hessen und Bayern sogar 42 Stunden in der Woche arbeiten. Auch im Nachbarland Frankreich wurde 2008 die Garantie der 35-Stunden-Woche von der Nationalversammlung wieder abgeschafft. Für Selbstständige und Freiberufler gelten solche Arbeitszeitbeschränkungen ohnehin nicht.

1984 kam es zum härtesten Arbeitskampf in der gesamten Geschichte der Bundesrepublik. Der Streik der IG Metall für die 35-Stunden-Woche führte zum folgenschwersten Vorfall der bundesdeutschen Streikgeschichte. Nachdem neben den 170 000 «heiß ausgesperrten» Streikenden über 370 000 Arbeitnehmer von ihren Unternehmen «kalt» ausgesperrt worden waren – d. h. die Arbeitgeber beschäftigten sie aufgrund streikbedingter Produktionsausfälle für deren Dauer nicht weiter, obwohl sie nicht an einem Streik teilgenommen hatten –, wies der Chef der Bundesanstalt für Arbeit, Heinrich Franke, die Arbeitsämter an, diesen «kalt», d. h. unverschuldet Ausgesperrten, kein Kurzarbeitergeld auszuzahlen. Obwohl dieser Erlass später von verschiedenen Gerichten bis zum Bundesverfassungsgericht für rechtswidrig erklärt wurde, setzte die CDU-FDP-Regierung diese Regelung zwei Jahre später in ein Gesetz zur Neuregelung des Artikel 116 des Arbeitsförderungsgesetzes um.

100. Gibt es Mülltrennung auch in anderen Ländern? Recycling war ein neues Zauberwort des wachsenden Umweltbewusstseins der 1980er Jahre. Sämtliche Landkreise und Kommunen, die in Deutschland dafür zuständig sind, investierten in «Wiederverwertungsanlagen» – Müll wurde nicht nur abgeholt und auf Müllkippen gebracht wie bisher, sondern gesammelt und in riesigen Werkshallen auf Förderbändern zunächst von Hand sortiert. In Freiburg im Breisgau beispielsweise, das sich zur Öko-Hauptstadt der Bundesrepublik entwickeln sollte, wurden bereits 1984 an 31 000 Haushalte sogenannte Wertmüllbehälter verteilt, die von privaten Recycling-Firmen betreut wurden. Der Inhalt der Müllbehälter wurde dann in der Wiederverwertungsanlage nach Grundstoffen sortiert. Mülltrennung war in Mode, und während die einen den Überblick über Restmüll, Kompost, Papier, Alu, Glas, Korken, Sondermüll, also über die grünen, gelben, blauen usw. Tonnen verloren, bezweifelten die anderen den ökologischen und ökonomischen Nutzen der Mülltrennung. Für viele unserer Nachbarn war die hierzulande bis zur Perfektion getriebene Idee, zu trennen, sortieren und recyceln «typisch deutsch». Das Ausland hat ein genaues Bild von Deutschland: Der Teutone ist diszipliniert, pünktlich, bestens organisiert und umweltbewusst, was sich an den vielen Recycling-Heften und dem Öko-Toilettenpapier zeigt. Man kann übrigens das ökologische Bewusstsein der Deutschen nicht erklären, ohne den Wald zu erwähnen. Nichts trieb zahlreiche umweltbewusste Deutsche seit den 1980er Jahren stärker um als das «Waldsterben», was mit der mythischen Aufladung des deutschen Waldes seit der Romantik zu tun haben dürfte. In anderen waldreichen europäischen Nationen fand sich nichts Vergleichbares. Der «Waldschadensbericht» der Bundesregierung, der seit Mitte der 1980er Jahre jährlich herausgegeben wurde, machte die Dramatik deutlich: Weite Teile des deutschen Waldes waren in einem jämmerlichen Zustand. Manche glaubten, innerhalb nur weniger Jahre seien alle Bäume etwa im Schwarzwald verschwunden. Gegenmaßnahmen – so der Abwurf von Kalk aus der Luft, wodurch sich schädliche Umwelteinflüsse wie saurer Regen ausgleichen ließen – erschienen wie der Tropfen auf den heißen Stein. Allerdings ging das «Waldsterben» nicht zuletzt auf die Schadstoffe zurück, die Autos ausstoßen. «Autos töten Wälder», das wollten die meisten Deutschen dann doch nicht hören; sie setzten Umweltschutz lieber mit Mülltrennung gleich.

Zurück zur Frage. In Italien kümmerte sich der Gesetzgeber zum ersten Male im Mai 1997 um das Problem der Mülltrennung und binnen zehn Jahren ist der Prozentsatz des getrennten Mülls auf rund 25 Prozent gestiegen. Darüber können die Schweden nur lachen, denn in ihren Haushalten wird am meisten getrennt und umweltverträglich entsorgt. Der schwedische Verband für Abfallentsorgung stellte 2005 fest, dass inzwischen 80 Prozent des Haushaltsabfalls für den Gebrauch als Material, Energie oder Bodendüngung wiederverwendet werden. 30 Prozent des Haushaltsabfalls oder 145 Kilo pro Einwohner werden zu Materialien recycelt. Seit 1993 existierte eine EU-Verordnung zur Abfallbeseitigung, die 2006 noch einmal erweitert wurde und für alle Mitgliedstaaten bindend ist. Allen Ansichten über «typisch deutsch» zum Trotz – Mülltrennung gibt es auch in anderen Ländern. Schlimmer noch: Statistiken belegen, dass die Deutschen bei der freiwilligen Trennung des Hausmülls im europäischen Vergleich nur einen Mittelplatz einnehmen.

101. Warum heißt die Bundesrepublik Deutschland eigentlich Bundesrepublik Deutschland? Der 1949 gegründete Staat war der erste deutsche Staat in der gesamten Geschichte überhaupt, der den Namensbestandteil «Deutschland» trug. Im Parlamentarischen Rat debattierten die Abgeordneten Anfang Oktober 1948 über den geeigneten Staatsnamen. Hören wir in die Beratungen hinein: «Ist der Begriff ‹Deutsches Reich› überhaupt noch diskutiert worden?», fragte Jakob Kaiser von der CDU und erhielt von Carlo Schmid (SPD) die Antwort: «Nun gibt es Gründe psychologischer Art genug, die einen veranlassen könnten, auf diesen Namen bewusst zu verzichten. Das Wort ‹Reich› hat nun einmal bei den Völkern um uns herum einen aggressiven Akzent. Das Wort ‹Reich› wird von diesen Leuten gelesen als ein Anspruch auf Beherrschung.» Der liberale Abgeordnete und spätere Bundespräsident Theodor Heuss pflichtete bei: «Reich» habe einen aggressiven Ton bekommen, der es verdächtig mache. Darauf noch einmal Schmid: «Volkspsychologisch schwingen in dem Wort ‹Reich› eine Reihe sehr schöner Untertöne mit, aber auch gefährliche Untertöne, ein Glaube an etwas wie Weltsendung im Sinne von ‹am deutschen Wesen soll dereinst die Welt genesen›». Man solle nun besser «Republik» sagen. Hermann von Mangold (CDU) meinte ebenfalls, dass der Begriff durch die Nazizeit verdorben worden sei, woraufhin Kaiser jedoch anmerkte, dass, um den Westen und den Osten zu verklammern, man «Reich» nicht aufgeben solle, «weil es unser Volk bewegt in dieser trostlosen Zeit». Es sei eben ein schönes Wort, wohingegen Republik viel zu nüchtern und emotionslos wirke. Wiederum entgegnete Schmid: «Vielleicht gelingt es einmal, auch dem Wort Republik eine gewisse Weihe zu geben». Heuss, der in dieser Sitzung noch behauptete, «Die Sache mit der Bundesrepublik Deutschland stammt nicht von mir persönlich, sondern von einem meiner Freunde», ergänzte: «Mit dem Worte ‹Deutschland› geben wir dem Ganzen ein gewisses Pathos, was ‹deutsche Länder›, ‹Union› und was auch ‹Deutsche Republik› nicht hat. Das Wort ‹Deutschland›, in sich ruhend, bekommt dann etwas Pathos sentimentaler und machtpolitischer Art.» Einige Jahre später reklamierte Heuss die Erfindung dieses Namens allerdings für sich. Wie auch immer, im Parlamentarischen Rat konnten die Argumente – auch jenes, dass «Bundes»-republik den föderativen Staatstyp am besten ausdrücke – überzeugen, und rechtlich wurde der Name Bundesrepublik Deutschland in der Überschrift «Grundgesetz für die Bundesrepublik Deutschland» festgelegt.

Übrigens drang die Abkürzung BRD schon seit 1950 in den bürokratischen Gebrauch ein; es wurde erst zum Politikum, als Anfang der 1970er Jahre die Bundesrepublik die DDR anerkannte und diese analog zu DDR nur noch von der BRD sprach. Die Deutsche Demokratische Republik ihrerseits sollte von der Bezeichnung her an die revolutionären Traditionen von 1848 und 1918 anknüpfen, wobei «demokratisch» gleichbedeutend mit «antifaschistisch» war. «BRD» kam in den Verdacht, ein «kommunistisches Kürzel» zu sein, wogegen die bundesdeutschen Regierungschefs Front machten: Es sollte im amtlichen Sprachgebrauch nicht mehr verwendet werden, weil ansonsten die Begriffe «Deutschland» und «deutsch» aus dem Sprachgebrauch zu verschwinden drohten.

Literaturhinweise

Abelshauser, Werner, Deutsche Wirtschaftsgeschichte seit 1945, München 2004.

Angster, Julia, Konsenskapitalismus und Sozialdemokratie. Die Westernisierung von SPD und DGB, München 2003.

Aust, Stefan, Der Baader-Meinhof-Komplex, Neuausgabe Hamburg 2008.

Baring, Arnulf, Machtwechsel. Die Ära Brandt-Scheel, Berlin 1998.

Bauerkämper, Arnd/Sabrow, Martin/Stöver, Bernd (Hg.), Doppelte Zeitgeschichte. Deutsch-deutsche Beziehungen 1945–1990. Christoph Kleßmann zum 60. Geburtstag, Bonn 1998.

Bender, Peter, Deutschlands Wiederkehr. Eine ungeteilte Nachkriegsgeschichte 1945–1990, Stuttgart 2007.

Benz, Wolfgang (Hg.), Deutschland unter alliierter Besatzung 1945–1949/55. Ein Handbuch, Berlin 1999.

Berg, Nicolas, Der Holocaust und die westdeutschen Historiker. Erforschung und Erinnerung, Göttingen 2003.

Bösch, Frank, Die Adenauer-CDU. Gründung, Aufstieg und Krise einer Erfolgspartei 1945–1969, Stuttgart/München 2001.

Conze, Eckhard, Die gaullistische Herausforderung. Die deutsch-französischen Beziehungen in der amerikanischen Europapolitik 1958–1963, München 1995.

Doering-Manteuffel, Anselm, Wie westlich sind die Deutschen? Amerikanisierung und Westernisierung im 20. Jahrhundert, Göttingen 1999.

Faulstich, Werner (Hg,), Die Kultur der achtziger Jahre, München 2005.

Frei, Norbert (Hg.), Transnationale Vergangenheitspolitik. Der Umgang mit deutschen Kriegsverbrechern in Europa nach dem Zweiten Weltkrieg, Göttingen 2005.

Glaser, Hermann, Kleine deutsche Kulturgeschichte von 1945 bis heute, Frankfurt am Main 2007.

Gassert, Philipp, Kurt Georg Kiesinger. 1904–1988. Kanzler zwischen den Zeiten, Stuttgart 2004.

Gilcher-Holtey, Ingrid, Die 68er-Bewegung. Deutschland – Westeuropa – USA, München [3]2005.

Görtemaker, Manfred, Geschichte der Bundesrepublik Deutschland. Von der Gründung bis zur Gegenwart, München 1999.

Gries, Rainer, Produkte als Medien. Kulturgeschichte der Produktkommunikation in der Bundesrepublik und der DDR, Wien 2003.

Grotum, Thomas, Die Halbstarken. Zur Geschichte einer Jugendkultur der 50er Jahre, Frankfurt am Main 1994.

Hacke, Christian, Die Außenpolitik der Bundesrepublik Deutschland. Von Konrad Adenauer bis Gerhard Schröder, aktualisierte Neuausgabe München 2003.
Haftendorn, Helga, Deutsche Außenpolitik zwischen Selbstbeschränkung und Selbstbehauptung. 1945–2000, Stuttgart/München 2001.
Herbert, Ulrich, Geschichte der Ausländerbeschäftigung in Deutschland 1880 bis 1980. Saisonarbeiter, Zwangsarbeiter, Gastarbeiter, Berlin/Bonn 1986.
Hockerts, Hans Günter (Hg.), Drei Wege deutscher Sozialstaatlichkeit. NS-Diktatur, Bundesrepublik und DDR im Vergleich, München 1998.
Ihme-Tuchel, Beate, Die DDR, Darmstadt ²2007.
Jarausch, Konrad Hugo/Siegrist, Hannes (Hg.), Amerikanisierung und Sowjetisierung in Deutschland 1945–1970, Frankfurt am Main 1997.
Kaelble, Hartmut, Sozialgeschichte Europas. 1945 bis zur Gegenwart, München 2007.
Kielmansegg, Peter Graf, Nach der Katastrophe. Eine Geschichte des geteilten Deutschland, Berlin 2000.
Korte, Karl-Rudolf, Der Standort der Deutschen. Akzentverlagerungen der deutschen Frage in der Bundesrepublik Deutschland seit den siebziger Jahren, Köln 1990.
Loth, Wilfried, Der Weg nach Europa. Geschichte der europäischen Integration 1939–1957, Göttingen ³1996.
Maier, Charles S., Die Gegenwart der Vergangenheit. Geschichte und die nationale Identität der Deutschen, Frankfurt am Main/New York 1992.
Merseburger, Peter, Willy Brandt. 1913–1992. Visionär und Realist, Stuttgart/München ²2002.
Potthoff, Heinrich (Hg.), Die «Koalition der Vernunft». Deutschlandpolitik in den 80er Jahren, München 1995.
Reichel, Peter, Vergangenheitsbewältigung in Deutschland. Die Auseinandersetzung mit der NS-Diktatur in Politik und Justiz, München ²2007.
Ritter, Gerhard A., Der Preis der deutschen Einheit. Die Wiedervereinigung und die Krise des Sozialstaats, München ²2007.
Rödder, Andreas, Die Bundesrepublik Deutschland 1969–1990, München 2003.
Schildt, Axel (Hg.), Dynamische Zeiten. Die 60er Jahre in den beiden deutschen Gesellschaften, Hamburg 2000.
Schmidt, Manfred G., Das politische System der Bundesrepublik Deutschland. Institutionen, Willensbildung und Politikfelder, München 2007.
Schönhoven, Klaus, Wendejahre. Die Sozialdemokratie in der Zeit der Großen Koalition 1966–1969, Bonn 2004.
Schwarz, Hans-Peter, Adenauer, 2 Bde., Stuttgart ³1991.
Siegfried, Detlef, Time is on my side. Konsum und Politik in der westdeutschen Jugendkultur der 60er Jahre, Göttingen 2006.

Soell, Hartmut, Helmut Schmidt, 2 Bde., München 2003–2008.
Stöver, Bernd, Der Kalte Krieg 1947–1991. Geschichte eines radikalen Zeitalters, München 2007.
Ueberschär, Gerd (Hg.), Der 20. Juli 1944. Bewertung und Rezeption des deutschen Widerstandes gegen das NS-Regime, Köln 1994.
Ullrich, Sebastian, Der Weimar-Komplex. Das Scheitern der ersten deutschen Demokratie und die politische Kultur der frühen Bundesrepublik, Göttingen 2009.
Wehler, Hans-Ulrich, Deutsche Gesellschaftsgeschichte, Bd. 5 Bundesrepublik Deutschland und DDR 1949–1990, München 2008.
Weidenfeld, Werner/Korte, Rudolf (Hg.), Handbuch zur deutschen Einheit. 1949–1989–1999, Frankfurt am Main/New York 1999.
Wildt, Michael, Vom kleinen Wohlstand. Eine Konsumgeschichte der fünfziger Jahre, Frankfurt am Main 1996.
Winkler, Heinrich August, Der lange Weg nach Westen, 2 Bde., München 2000.
Wirsching, Andreas, Abschied vom Provisorium. 1982–1990, München 2006.
Wolfrum, Edgar, Die geglückte Demokratie. Geschichte der Bundesrepublik Deutschland von ihren Anfängen bis zur Gegenwart, Stuttgart [2]2006.

Abbildungsnachweis

S. 13 Berliner Luftbrücke, sogenannter «Rosinenbomber», 1948 © ullstein bild - Granger Collection

S. 39 Bundeskanzler Willy Brandt vor dem Denkmal für die Opfer des Aufstandes im Wahrschauer Ghetto, 7.12.1970 © ullstein bild - Sven Simon

S. 56 Brandenburger Tor von Westen, um 1975 © akg-images

S. 75 Emblem der Atomkraftgegner, 1979 © ullstein bild - Falk

S. 96 Teilansicht des Stelenfeldes nach Norden mit Reichstagskuppel, Juni 2005 © akg-images / Florian Profitlich

S. 112 Romy Schneider als Kaiserin Elisabeth und Karlheinz Boehm als Kaiser Franz Joseph in dem Film «Sissi, die junge Kaiserin», Buch und Regie: Ernst Marischka, 1956 © ullstein bild

S. 129 Verladen von Volkswagen im Hamburger Hafen zum Export nach Amerika, August 1950 © akg-images